Le Saint Honoré

Texto Danusia Barbara
Fotos Alexander Landau

Le Saint Honoré

RECEITAS ORIGINAIS

Receitas Le Méridien Copacabana:
DOMINIQUE OUDIN

Clássicos da cozinha francesa:
PAUL BOCUSE E LAURENT SUAUDEAU

Le Saint Honoré: Paris–Rio © Danusia Barbara
Direitos desta edição reservados ao Serviço Nacional de Aprendizagem Comercial – Administração Regional do Rio de Janeiro.
Vedada, nos termos da lei, a reprodução total ou parcial deste livro.

Senac Rio
Presidente do Conselho Regional
ORLANDO DINIZ

Diretor do Departamento Regional
DÉCIO ZANIRATO JUNIOR

Editora Senac Rio
Avenida Franklin Roosevelt, 126/604
Rio de Janeiro – RJ – CEP: 20.021-120
Tel.: (21) 2240-2045 – Fax: (21) 2240-9656
www.rj.senac.br/editora

Editora
ANDREA FRAGA D'EGMONT

Coordenação editorial
CYNTHIA AZEVEDO

Assistente editorial
ADRIANA ROCHA

Coordenação de produção
JOSÉ JARDIM

Assistentes de produção
ANDREA AYER
KARINE FAJARDO

Texto
DANUSIA BARBARA

Fotos
ALEXANDER LANDAU

Revisão técnica das receitas
ANA RIBEIRO
DOMINIQUE OUDIN

Versão e revisão (inglês)
ANNA LOBO
STEVE YOLEN

Projeto gráfico
RAUL FERNANDES
SILVANA MATTIEVICH

Editoração eletrônica
MÁRCIA RAED
SILVANA MATTIEVICH

Colaboração
ELIZABETE JAPIASSÚ
(Relações públicas do Le Méridien Copacabana)

Comercial
comercial.editora@rj.senac.br

Impressão:
RRDONNELLEY MOORE

1ª edição: dezembro de 2005

CIP-BRASIL. CATALOGAÇÃO-NA-FONTE.
SINDICATO NACIONAL DOS EDITORES DE LIVROS, RJ.

B184L
Barbara, Danusia, 1948-
    Le Saint Honoré, Paris-Rio : receitas originais
/ texto Danusia Barbara ; fotos Alexander Landau ; [versão para o inglês: Anna Lobo]. - Rio
de Janeiro : Editora Senac Rio, 2005.
    176p. ; il. ; 22 x 25cm.

    Texto em português e inglês
    ISBN 85-87864-80-7

    1. Le Saint Honoré (Restaurante). 2. Culinária. 3. Gastronomia.
I. Título.

05-3770.   CDD 641.509
                                                       CDU 641.568

Lá se vão três décadas desde que o requinte da *nouvelle cusine* francesa fixou moradia num dos endereços mais famosos do Brasil. Referência gastronômica na cidade do Rio de Janeiro até os dias de hoje, o Restaurante Le Saint Honoré foi uma aposta ousada e, como se comprovou pouco tempo depois, acertadíssima de Robert Bergé, na ocasião gerente geral do Hotel Le Méridien Copacabana.

E não é para menos. O Le Saint Honoré abriga, em sua trajetória, a grife Paul Bocuse, responsável por incentivar a utilização de ingredientes tipicamente brasileiros, tão tropicais e exóticos quanto a nossa natureza permite, na clássica cozinha francesa. Resultado: ao longo de todos esses anos, o salão do restaurante foi brindado com a freqüência assídua de figuras conhecidas da sociedade carioca, celebridades e visitantes que apreciam a boa mesa.

Hoje, como sinal dos tempos modernos e da evolução da gastronomia, o Le Saint Honoré investe na *Fashion Fusion*. Com o aval de Philippe Seigle, diretor geral regional América do Sul do Le Méridien, a supervisão de Paul Bocuse e o talento do chef Dominique Oudin, a sofisticação da culinária francesa recebe, na cozinha do restaurante, um toque de design que se reflete na apresentação dos pratos.

Nas páginas deste livro comemorativo dos trinta anos do Le Saint Honoré, que o Senac Rio, coerente com a sua postura de promotor da gastronomia carioca e fluminense, tem o prazer de publicar em parceria com o Hotel Le Méridien, você vai conhecer a história do restaurante, ler depoimentos de chefs que já passaram por lá e apreciar as suas famosas receitas, todas ilustradas pelos cliques certeiros do fotógrafo Alexander Landau. A leitura está servida, bom apetite!

ORLANDO DINIZ
Presidente do Conselho Regional do Senac Rio

Le Méridien Copacabana sente-se honrado em ter a parceria da Editora Senac Rio na publicação do livro *Le Saint Honoré Paris-Rio*. Quanto a sua história, ninguém melhor do que a jornalista e crítica de gastronomia Danusia Barbara para escrevê-la, por sua amizade e convivência, no dia-a-dia de nosso hotel, nesses últimos anos.

Este livro reúne a história dos trinta anos do restaurante Le Saint Honoré, ilustrado com belíssimas fotos das receitas especialmente criadas pelos chefs que passaram por lá e fizeram sua história.

O responsável pelo desembarque da gastronomia francesa, no Brasil, nos anos 1970, foi o grupo Le Méridien Hotels & Resorts, uma forte marca européia internacionalmente reconhecida, por um padrão internacional de qualidade de serviços, na elegância e no *savoir-faire*.

No Hotel Le Méridien Copacabana, a gastronomia permanece entre as melhores do Brasil, por meio do Le Saint Honoré, supervisionado por Paul Bocuse, um dos mais respeitados chefs da atualidade.

O Le Saint Honoré conjuga a tradicional e clássica cozinha francesa com a contemporânea, valorizando, também, os ingredientes brasileiros em seus pratos.

Este livro é um convite à boa mesa, ao prazer de degustar a história e as receitas de um restaurante que introduziu a arte de bem-servir e disseminou a gastronomia francesa no Brasil.

Bon appétit!

PHILIPPE SEIGLE
Diretor Geral Regional América do Sul
Le Méridien Copacabana

Sumário

Abertura – Danusia Barbara ... 13
Primeiros tempos – Robert Bergé ... 19
Tempos atuais – Jacques Lecouls ... 23
Era uma vez uma garagem... – Paulo Casé ... 25
Brasil, terra de conquistas! – Paul Bocuse ... 27
Antes de Paul Bocuse – Jean-Paul Michaud ... 29
Brilhando no mundo – Laurent Suaudeau ... 30
O hambúrguer... – Laurent Suaudeau ... 32
Fazendo história – Claude Troisgros ... 35
O culto da qualidade – Danio Braga ... 36
A invasão francesa – José Hugo Celidônio ... 39
Caminhos nunca antes navegados – Philippe Brye ... 41
Aquele abraço! – Vincent Koperski ... 42
Fiz parte do mito – Pierre Landry ... 42
Orgulho e alegria – Renato Vicente ... 42
Beleza dupla – Alex Atala ... 43
Os maîtres ... 45
Ana Ribeiro, a primeira mulher ... 47
Le Saint Honoré, registro de uma noite, ano de 2002 ... 47
Formação completa – Paulo Carvalho ... 49
De aprendiz a chef – Milton Schneider ... 50
Presente carinhoso – Dominique Oudin ... 53
Rio, a capital dos franceses – Rodolfo Garcia ... 56
Dados históricos ... 58

Les Grands Classiques de Paul Bocuse et de la Cuisine Française ... 61
Les Découvertes Paris-Rio ... 87
Glossário ... 154
Cocção dos Alimentos ... 155
English Translation ... 157

As Receitas

Les Grands Classiques de Paul Bocuse et de la Cuisine Française

Os Grandes Clássicos de Paul Bocuse e da Cozinha Francesa

Les Entrées | *Entradas*

64   Consommé de volaille au parfum de truffes
Consomê de frango ao perfume de trufas

67   Escargots en coquilles au beurre persillé
Escargots em conchas com manteiga de escargots

68   Mousseline de pomme baroa au caviar
Musselina da batata-baroa com caviar – Laurent Suaudeau

Les Suites | *Pratos Principais*

72   Traditionnel filet de mérou en croûte feuilletée, sauce Choron
Tradicional filé de cherne "en croûte" folhada, molho Choron

75   Rouget barbet en écailles de pommes de terre croustillantes
Trilha em escamas de batatas "croustillantes"

76   Steak au poivre, gratin de deux racines
Filé mignon "poêlé" com pimenta, gratin de duas raízes

Les Desserts | *Sobremesas*

80   Crème brûlée à la vanille
Creme brulê de baunilha

83   Soufflé chaud au Grand Marnier
Suflê quente ao Grand Marnier

84   Saint Honoré
Torta le Saint Honoré

89   Canapé bar
Couvert aperitivo

Les Entrées | *Entradas*

92   Duo de foie gras et cajou, l'un en mille- feuille, l'autre poêlé
Duo de foie gras e caju, um em mil-folhas e o outro assado

94   Effeuillé de morue, oeuf poché et croustillant de banane
Bacalhau desfiado, ovo pochê e chips de banana

97   Tranche de foie gras de canard rôti, ananas confit aux poivres
Escalope de foie gras assado, abacaxi confit com pimentas

98   Langoustines roses, couscous cru de palmier au parfum du Sertão
Lagostins rosas, cuscuz cru de palmito ao perfume do Sertão

101   Pissaladière croustillante de champignons, vinaigrette de cèpes
Pissaladière croustillante de champignons, vinagrete de cèpes

102   Salade de Crevettes et Légumes Croquants au Vinaigre d'Açai
Salada de Camarões e Legumes Crocantes ao Vinagre de Açaí

105   Soupe de grenouille et herbes tendres
Sopa de rãs e ervas suaves

106   Surubim fumé et écrevisse pitu en tartare, sauce vierge et noix de cajou
Surubim defumado e camarão pitu en tartare, molho virgem e castanha de caju

Les Suites | *Pratos Principais*

110   Cigale de mer, royale de foie gras en capuccino de cèpes
Cavaquinha assada, royale de foie gras em capuccino de cèpes

113   Coquilles Saint Jacques sur un blinis de potiron et caviar, sauce au macis
Vieiras sobre blinis de abóbora e caviar, molho de macis

Les Découvertes Paris-Rio

Dominique Oudin

114 Filet de bar, ravioles d'artichauts, jus de poule parfumé
aux amandes et citron confit
*Filé de robalo, raviolis de alcachofra, caldo de frango perfumado
com amêndoas e limão-siciliano confit*

116 Filet de sole en croûte de carne-seca, purée crémeuse de potiron
Filé de linguado em crosta de carne-seca, purê cremoso de abóbora

118 Caille rôtie, cuisses confites en cannellonis d'aubergine,
farofa à la noisette
Codorna assada, canelone de berinjela, farofa de avelãs

120 Suprême de pintadeau, lentilles vertes du Puy,
gratin de cristophine, sauce à l'ail ciboulette
*Supremo de galinha-d'angola, lentilhas verdes de Puy,
gratin de chuchu, molho ao alho verde*

122 Picanha d'agneau, beignet de maïs, jus de tomate épicé
Picanha de cordeiro, beignets de milho, molho de tomate temperado

124 Filet mignon de veau en croûte de champignon, et son flan à l'ail
Filé mignon de vitela envolto de shiitake e seu flã de alho

126 Picanha de boeuf rôti sur un anneau de pomme de terre, petite
salade d'herbes et vinaigrette de truffes
*Picanha bovina sobre um anel de batata, saladinha de ervas
e vinagrete de trufas*

129 Pièce de veau braisée au café, fricassée de légumes verts
Vitela braseada ao café, fricassê de legumes verdes

133 Beignets au chocolat, salade de fruits frais
Beignets de chocolate, salada de frutas frescas

134 Bruschetta de pain d'épices, carambole confite au poivre de Sichuan
Bruschetta de pão de especiarias, carambola confit com pimenta-de-sichuan

137 Gâteau au fromage blanc et aux fruits rouges
Cheese cake com frutas vermelhas

138 Consommé de pitanga et fruits frais
Consomê de pitanga e frutas frescas

141 Mon gâteau d'anniversaire préféré
Meu bolo de aniversário preferido

142 Pyramide parfumée à l'orange et sa cristalline de fruits frais
Pirâmide perfumada de laranja e cristaline de frutas frescas

146 Telhas de framboesa
146 Maria-mole
147 Picolé de menta
147 Morango recheado

150 Filomena
150 Pascale
150 Ana
150 Cristina

151 Manteiga clarificada
151 Guarnição aromática
151 Vinagrete extravirgem
152 Pesto
152 Fumet (caldo) de peixe
152 Caldo de frango claro
153 Caldo de frango escuro
153 Caldo de carne ou vitela
153 Xarope

"Ao olhar as fotos de todos esses anos de glória, o primeiro pensamento é sempre o mesmo: 'Éramos todos muito jovens! Quanta ousadia!'"

Batata-baroa em musselina com caviar. Abóbora como ingrediente nobre. Torta de maracujá salpicada de caroços crocantes. Quiabo no cassoulet. Definitivamente, os tempos são outros. Estamos em meados de 1975, quando surgem os computadores pessoais e o aparelho de barbear descartável. A Guerra do Vietnã acabava e Angola comemorava sua independência, após quatro séculos de dominação portuguesa. O brasileiro João Carlos de Oliveira torna-se o João do Pulo ao dar um salto triplo de 17m89 nos Jogos Pan-Americanos do México, recorde mundial só quebrado dez anos depois. No cinema, estreava "Um estranho no ninho", com Jack Nicholson e, na Inglaterra, iniciava-se o movimento *punk* inglês, com o primeiro *show* do grupo Sex Pistols.

E na França? Bem... os franceses sabem se cuidar: na França estourava a *nouvelle cuisine*, propondo produtos fresquíssimos, molhos leves e diáfanos, sabores inéditos. Aqui também o fenômeno surgia, acrescido do toque tropical e da fartura e generosidade brasileiras. Nossas frutas, legumes, temperos eram "exóticos". Temos mangaba, umbu, jiló, tucupi, jaboticaba e muito mais para seduzir os chefs que chegavam da França para inaugurar, em 1975, o Le Méridien e, quatro anos depois, em 1979, o Le Saint Honoré, grife Paul Bocuse. Na bagagem, a *nouvelle cuisine*.

Da esquerda para a direita: chef Bernard Trouillier, Danusia Barbara, chef Roger Jaloux e Jean-Louis Delquignies (ex-diretor geral do Méridien).

Le Saint Honoré

Da esquerda para a direita: chef Bernard Trouillier, chef pâtissier Philippe Brye e chef Roger Jaloux.

Abaixo o fromagier do Festival de Fromages Gérard Poulard.

Foi sucesso estrondoso. Cariocas e visitantes primeiro estranharam um pouco. Depois aplaudiram e continuam a festejar até hoje, pois se descobriu que o Rio de Janeiro e o Le Saint Honoré foram feitos um para o outro. Como um presente de mão dupla, nutrem-se a si e a todos. Em vez de um prato óbvio, cheio de cremes e combinatórias burocráticas, sorviam-se novidades, "mixavam-se" modalidades culinárias diferentes. Se aqui não havia temperos e especiarias conhecidas na Europa, incentivava-se seu plantio e descobriam-se os temperos nativos. Os horizontes ampliaram-se mutuamente.

Os pratos, os chefs, os festivais, uma equipe ímpar – esse brilho único do Le Saint Honoré parece toque de Midas. Criou tradições: há dez anos monta um memorável festival de queijos franceses, com mais de 150 tipos vindos cuidadosamente da França para o Rio de Janeiro. Para que tudo saia perfeito, é convocado o fromagier Gérard Poulard, que cuida dos queijos com o maior desvelo possível, afinando-os a cada dia. Gérard Poulard fica aqui duas semanas aproximadamente, atendendo aos clientes, servindo pratos e mais pratos de queijos artesanais franceses. Ele acompanha a história de cada vaca e cabra que fornece leite para seus queijos (cada qual com ficha completa), viaja pela França inteira visitando pequenas fazendas e cooperativas. Gérard Poulard se explica:

Não faço medicina, faço sabor. Busco a alma, o espírito, a memória. É a cozinha das plantas, com suas coleções outono-inverno e primavera-verão. As ervas nascem em épocas diferentes, são saboreadas pelas vacas e cabras, influem de maneira diversa no sabor e cheiro dos queijos.

Outro acontecimento inédito foi o Festival Quinze Estrelas, realizado em março de 1999, com direito a manifesto sobre a importância da gastronomia e a presença de chefs notórios como Danio Braga e Francesco Carli, cozinhando com Pierre Landry, então chef do Le Saint Honoré, para um jantar a seis mãos. No menu da noite inesquecível,

Pierre Landry serviu crocante de cavaquinha com cogumelos e terrina de tomate confit com basílico e coração de tamboril defumado. De uma delicadeza instigante. Em seguida, Danio Braga ofereceu uma pequena lasanha entremeada de camarões, abóbora e creme de trufas e a trouxinha de acelga recheada de risoto cevado, funghi porcini e presunto de Parma. Aplausos. Foi a vez de Francesco Carli continuar a festa apresentando saborosos peitos de galinha-d'angola recheados de ricota e escarola com tortinhas de endívias e berinjela; e o lombo de cordeiro em crosta de ervas com o próprio molho, pequenos legumes. Puro enlevo. Na sobremesa, os três chefs participaram do grande prato com mil-folhas de crepe bretã de graviola, coulis de açaí; massa fina de chocolate coberta de ricota de búfala e raspas de laranja, tartufo gelado ao perfume de bergamota. E mais petit-fours assinados por todos. A carta de vinhos foi especialmente composta por Danio Braga e o acontecimento tornou-se uma festa da alta gastronomia carioca, que se repetiu na comemoração dos trinta anos do hotel, desta vez com a presença de chefs da década atual, como o brilhante chef Alex Atala, que montou com o chef Dominique Oudin um menu delicioso:

Chef Paul Bocuse recebe os convidados da sociedade carioca no Le Saint Honoré.

Vieiras recheadas com raiz-forte, lulas e foie gras sobre palmito amazônico e molho de coral
Consomê de cogumelos ao perfume de ervas da horta e da floresta
Filhote com tucupi e tapioca
Confit de pato com purê de cará e molho de pimenta-verde
Ravióli de banana com maracujá e sorbet de tangerina

Ao olhar as fotos de todos esses anos de glória, o primeiro pensamento é sempre o mesmo: "Éramos todos muito jovens! Quanta ousadia!" Mas há o prato que nunca sai do cardápio: o namorado recheado de musse de lagosta e envolto em massa tipo folhada, com falsas escamas, uma das especialidades de Paul Bocuse. A função da massa é conservar o aroma do peixe e a do recheio é manter certa umidade, sem a qual o peixe poderia ficar seco.

Uma ida ao Le Saint Honoré é sempre bem-vinda. É local com pulso e energia, acende centelhas, faíscas para seduzir, resolver negócios, atualizar-se. Criou e manteve durante anos um novo centro de vida social no Rio. Muita gente trabalhou para erguê-lo, houve esforços para todos os lados e momentos ilustres. Este livro registra um pouco desta história, com base em depoimentos de pessoas que participaram da aventura. As receitas de Dominique Oudin são um trunfo para quem aprecia cozinhar. Registramos aqui também a famosa musselina de batata-baroa com caviar, um marco gastronômico de Laurent Suaudeau, chef do restaurante na década de 1980. De resto, só citando o escrivão Pero Vaz de Caminha: "Nesta terra, em se plantando, tudo dá... fecundidade, abundância, frutas e legumes nunca dantes vistos em lugar nenhum." Foram e são os tempos oníricos do Rio de Janeiro. Vivemos o sonho de ter Paul Bocuse em nossas bocas. Se alguém quiser saber o que isso significa, venha ao Le Saint Honoré Rio de Janeiro para conhecer e saborear momentos soberbos, felizes, únicos.

Danusia Barbara

"A data da abertura foi marcada para 4 de setembro de 1979. Paul chegou dia 1º de setembro e me anunciou que Roger Vergé não poderia estar presente. Minha decepção foi grande."

Primeiros tempos

A história do Le Saint Honoré começa no mês de julho de 1979. Nesta data, Oscar Ornstein, carismático relações públicas do Copacabana Palace nos anos 1940 e eficaz relações públicas do Hotel Nacional nos anos 1970, me telefonou e disse que o chef Paul Bocuse gostaria de visitar o Le Méridien, onde eu havia assumido minhas funções um ano antes.

Este primeiro ano no Rio me convencera de que só um grande nome da cozinha francesa poderia consagrar e distinguir o Le Saint Honoré dos demais restaurantes da cidade, e a presença de Paul Bocuse no Rio era um prêmio, uma sorte inesperada, que eu deveria capturar e aproveitar em pleno vôo. A estratégia foi simples. Nós almoçamos no Café de la Paix e eu ofereci um menu "francês" à base de produtos brasileiros que Paul Bocuse não conhecia, como o chuchu. Tentava convencê-lo de que seria formidável ter seu nome associado ao restaurante Le Saint Honoré. Visitamos o restaurante depois do almoço e Bocuse disse: "Posso fazer uma operação de consultoria com vocês, mas é necessário refazer a cozinha."

Eu me abri com nossos proprietários da Sisal e com o empresário Samy Cohn, que aceitaram bem a idéia. Era necessário, agora, convencer o Le Méridien. As negociações foram longas, mas o projeto finalmente foi aceito e programado para 1979.

Detalhe cômico: meu grande amigo Zózimo, jornalista vedete do Jornal do Brasil naquela época, havia anunciado em sua coluna a futura criação e transformação do Le Saint Honoré, antes mesmo de a decisão ter sido, de fato, tomada. Foi nessa época que o Rio Palace (hoje Hotel Sofitel), ainda em gestação, achou a idéia interessante e contactou o chef Gaston Lenôtre para criar o Le Pré-Catelan carioca. De repente, nós estávamos a ponto de perder a disputa. Mas foi este o argumento decisivo que nos permitiu realizar o projeto Le Saint Honoré: se não fizéssemos, perderíamos a chance, perderíamos tudo!

O restaurante e sua cozinha foram totalmente refeitos nos primeiros meses de 1979 e, enquanto isso, quase perdemos a consultoria de Paul Bocuse, que estava cansado de esperar que o restaurante ficasse pronto. Ele me disse que não poderia ficar esperando tanto e que Roger Vergé, do Moulin de Mougins, também estava com ele nessa empreitada. Aqui, devo homenagens e aplausos à minha mulher, que convenceu Bocuse a não nos abandonar.

As discussões sobre a organização do restaurante, seus menus e demais dados se fizeram com Roger Vergé e Patrick Lannes, o primeiro chef do novo Le Saint Honoré. Ele chegou ao Rio em julho, para preparar a equipe para este conceito inédito, no Brasil, da nova cozinha de Paul Bocuse.

A data da abertura foi fixada para 4 de setembro de 1979. Paul chegou dia 1º de setembro e me anunciou que Roger Vergé não poderia estar presente. Minha decepção foi grande. Havíamos preparado uma grandiosa campanha de *marketing*, anunciando a presença dos chefs. Fizéramos uma soberba brochura com as duas estrelas míticas da cozinha francesa, criáramos um clube dos "Cavaleiros do Le Saint Honoré" e havíamos escrito para todas as personalidades da cidade, com cartas assinadas pelos dois chefs. Decepções de lado, a operação estava pronta. Passamos a noite raspando o nome do Roger Vergé e colocando o lacre no cardápio, com a assinatura única de Paul Bocuse. Dois dias antes da abertura, organizei um almoço para testar a nova carta. Convidei José Hugo Celidônio, o grande Zózimo, Renato Machado e outros gourmets. A sopa de trufas Paul Bocuse que nos foi servida ficou nas nossas memórias!

A 4 de setembro, inauguramos o Le Saint Honoré com grandes pompas. Todo o *jet set* estava presente, encabeçado por Carmen Mayrink Veiga, Josephina Jordan, Ary de Castro, Yvo e Marilu Pitanguy, os Monteiro de Carvalho, os Marcondes Ferraz, Ruth e Samy Cohn e tantos outros. Sucesso total.

Da abertura oficial ao dia seguinte, 180 couverts, e o Le Saint Honoré estava lançado, numa fama que permanece até os dias de hoje.

No terceiro dia, uma forte emoção. Recebo um telefonema de um advogado de São Paulo que me disse: "Vocês estão usando impropriamente o nome de Roger Vergé, que está envolvido em São Paulo com o Hotel Maksoud para criar a cozinha do sol." Decididamente o primeiro artigo do Zózimo deu idéias à nossa concorrência! O advogado comunicou que iria nos processar, mas chegamos, enfim, a um entendimento, com o compromisso meu de suprimir de todos os documentos o nome de Roger Vergé em no máximo trinta dias.

Naqueles tempos, bastava um aperto de mãos entre duas pessoas de boa fé para que surgisse um contrato. Não havia documento algum sobre o engajamento firme e definitivo dos dois grandes chefs. Assim sendo, tudo resolvido, o Le Saint Honoré navegou pelas estrelas do universo gastronômico, tendo o grande Paul Bocuse como figura de proa e, também, proporcionando o surgimento de grandes cozinheiros, como Laurent Suaudeau, que chegou ao Rio com 21 anos e é hoje o grande chef do Brasil.

Assim foram os primeiros tempos do Le Saint Honoré. Uma emulação fabulosa fora criada, artistas se revelaram, produtos e técnicas francesas surgiram, valorizou-se ainda mais o produto brasileiro. O Le Saint Honoré foi e é uma escola que fez do Rio uma referência gastronômica importante, maravilhosa.

Robert Bergé
Ex-diretor geral do Le Méridien

22 ～ Le Saint Honoré

"Hoje se valorizam designs inéditos e a apresentação dos pratos espelha bem tal perspectiva."

Tempos atuais

Le Saint Honoré é muito mais que um restaurante de bom gosto. É escola precursora, lugar pioneiro. Atuando na alta gastronomia, introduziu no Rio a NC (*nouvelle cuisine*) e agora investe na FF (*fashion fusion*). Estava presente quando de sua abertura. Depois, trabalhei em outros países e há alguns anos voltei, para participar da construção do atual Le Saint Honoré, com mudanças radicais na cozinha, no salão, no ambiente. Quando vim ao Rio pela primeira vez, cheguei em busca de um país jovem, com futuro. Gostei da minha escolha, havia chances por aqui. Naquela época, a liderança da gastronomia francesa no mundo era total e o Le Saint Honoré era e é, até hoje, ponto de referência importante. Só que os tempos são outros e ele evoluiu. A realidade se modificou, as pessoas buscam novas ofertas numa ida ao restaurante. Não teria sentido virar o prédio de cabeça para baixo, mas sim mantê-lo atual, ousado e clássico. Hoje se valorizam *designs* inéditos e a apresentação dos pratos espelha bem tal perspectiva. No salão, nada de decoração pesada, mas conforto sofisticado. Estamos atentos a isso e mudamos onde deveríamos mudar. A base do produto é a mesma: boa comida, bom serviço, bom ambiente.

Jacques Lecouls
Diretor geral do Le Méridien (2001–2005)

Era uma vez uma garagem...

Almejei um prédio elegante, que o tempo não desgastasse. Surgiu um hotel com vista dos quatro lados, integrando mar, praia, montanhas, luminosidade diurna e noturna. Marcos Tamoio dizia que ele era "um espigão, mas muito bonito!" Eu digo que é um prédio verdadeiro, que não mente.

PAULO CASÉ
*Arquiteto responsável pela concepção e construção do imóvel,
que surgiu onde antes era uma garagem.*

Brasil, terra de conquistas!

Este país tem muitos coringas, além de suas riquezas minerais ou culturais. Seu povo é dos mais acolhedores e generosos que conheci até hoje.

Minha primeira visita remonta a 1976, quando uma empresa brasileira me sondou, assim como a meu amigo Roger Vergé, sobre a possibilidade de exercermos nossos talentos num novo hotel em Copacabana. Nesse mesmo período, eu estava fazendo uma viagem pelo Brasil, convidado pelo Ministério da Agricultura. O Rio era a última cidade a visitar.

Roger Vergé me falara sobre a cidade e de seu encontro com um jovem casal francês: o marido acabava de ser nomeado diretor do Hotel Le Méridien Copacabana. Decidi visitá-los e foi assim que conheci Robert Bergé e sua mulher Annette, numa reunião em que todos imediatamente se simpatizaram.

Nessa época, eu estava em contato freqüente com o presidente do grupo dos Hotéis Le Méridien, o senhor Marescot, e foi assim que a assistência e consultoria ao restaurante Le Saint Honoré, situado no último andar do hotel, foram-me confiadas.

A grande aventura brasileira começou por mim mesmo, separando uma dezena de dias por ano para vir ao Rio realizar concorridos jantares de gala: os grandes cariocas faziam questão de comparecer. Robert Bergé, excepcional profissional, assegurava o sucesso do evento, com medidas chiques, harmonizando as mesas, dando *élan* àqueles jantares tardíssimos, pois os brasileiros adoram festas!

A cada vinda, eu podia constatar que a qualidade dos produtos melhorava, a prestação dos serviços, *idem*, e também a metamorfose da cidade e seus arredores. Aos domingos, dia em que o restaurante não abria, Robert organizava um passeio, que podia ser um piquenique, um almoço nos restaurantes de Guaratiba ou uma visita à ilha dos porcos do Dr. Pitanguy, onde o aperitivo ao redor da caipirinha se prolongava até chegarmos ao almoço tipicamente brasileiro, bastante apreciado pelos convidados e celebridades de passagem.

O Chef Paul Bocuse.

Acervo fotográfico Le Méridien Copacabana

O doutor nos acompanhava pessoalmente ao Rio, a bordo de seu avião, que ele mesmo pilotava.

Muitas lembranças cercam essas viagens, como a mudança de diretores do hotel, cada qual com sua personalidade e uma visão diferente do País. Uma das mais marcantes foi conhecer um empregado subalterno que, a cada visita minha, subia nas escalas das funções. Chamava-se Paulo e tornou-se responsável pela cozinha que atendia diariamente aos clientes ao redor da piscina (na ocasião, restaurante Le St. Trop). Esse garçom era adorável. Morava com a família numa das favelas situadas sobre as colinas da cidade, onde não era recomendável um turista ir passear. Ficamos amigos e sempre que eu vinha ao Rio trazia roupas que haviam pertencido a meus filhos e netos para oferecer para suas crianças, enquanto íamos, em sua companhia, visitar a famosa favela. Não me lembro de ter visto em outras partes do mundo tantas gentilezas e espírito de solidariedade entre as pessoas da favela. Era muito reconfortante estar lá, percebendo que o gênero humano ainda tinha ética, valores, respeito. Ao menos naquela comunidade.

A essa altura, eu também me preocupava em manter minha forma e ia bem cedo correr na praia cerca de nove quilômetros, antes que o sol me queimasse em demasia. Na volta, tomava café da manhã com meu chef e mais alguns da brigada para estabelecer o menu da noite, as preparações para os jantares.

Certa vez, estava no Rio durante o carnaval e pude constatar a febre que acomete todo um povo que satisfaz com frenesi seu amor à música e à dança. Eddie Barclay, grande amante da música, raramente perdia essa data crucial. Mas esta nação trabalha muito e foi pioneira em muitos aspectos, como a cultura dos minilegumes e da feitura do cinturão verde que cerca a cidade de São Paulo pelos imigrantes japoneses.

O domínio dos produtos naturais é igualmente um dos cavalos-de-batalha deste país que exporta para o mundo numerosas marcas. Sem esquecer do Dr. Pitanguy, grande médico e que tantos bens proporciona no reino da estética. Para concluir: esta nação conta com um elevado número de jovens e seu futuro será grandioso.

PAUL BOCUSE
Chef

"Sentíamos que estávamos fazendo história. No preparo dos menus e na convivência com o público."

Antes de Paul Bocuse

Nasci em Grenoble, França, trabalhei em várias partes do mundo antes de vir ao Rio, em agosto de 1975, para ajudar na montagem do Le Saint Honoré. Eram tempos pioneiros: sem elevador (o único era para os pedreiros), subindo escadas, agüentando poeira e desconforto, edifício ainda em carcaça. Mas nada perturbava, porque havia um forte espírito de equipe, sob a liderança de Jacques Carpentier, na época diretor geral. Sentíamos que estávamos fazendo história. No preparo dos menus e na convivência com o público, descobri que o brasileiro comia o dobro da porção de carne que um europeu exigia; não pedia entrada mas queria couvert; não abria mão do arroz em seu prato; apreciava sobremesas muito doces. Hoje, as coisas mudaram um pouco. E dos 120 cozinheiros que convoquei, apareceram quarenta. Selecionei vários desses e assim surgiu a primeira brigada do Le Saint Honoré. Foi uma aventura, um desafio, mas foi ótimo!

JEAN-PAUL MICHAUD
*Primeiro chef do Le Saint Honoré,
ainda sem a grife Paul Bocuse.*

Brilhando no mundo

Quando o senhor Paul Bocuse me escolheu, por indicação de Roger Jaloux, para ajudar na abertura do Le Saint Honoré, onde já atuava o chef Patrick Lannes, eu achava que minha estada seria curta, até porque meus planos eram outros.

Na verdade, jamais poderia imaginar o quanto o Le Saint Honoré seria o trampolim para uma vida dedicada à gastronomia no Brasil e, também, quantas felicidades ele poderia me proporcionar, na minha vida pessoal e profissional.

O Le Saint Honoré marcou uma das páginas mais nobres da culinária nacional, tendo em sua base uma equipe como poucas eu vi até hoje. O salão era liderado por um senhor italiano chamado Polinelli, competente, falando sete idiomas, que conhecia sua área como ninguém. Tanto que o próprio Paul Bocuse o convidou várias vezes para ser o maître de seus restaurantes na França. O segundo maître, o senhor Oreste, era mais discreto, mas também muito hábil e de uma dedicação com os clientes como não existe mais. Deste salão saíram os melhores garçons das décadas de 1970 e 1980 no Brasil.

Não podemos esquecer de toda a equipe de Alimentos & Bebidas do Le Méridien, reconhecida como a melhor da cadeia, chefiada pelo próprio diretor do hotel, senhor Robert Bergé, e por pessoas como o chef executivo Patrick Blancard e o pâtissier Philippe Brye, este vindo direto do Fauchon de Paris. Não é por menos que, em 1984, o Le Saint Honoré foi eleito um dos dez melhores restaurantes de hotel do mundo. Fui em 1985 a Nova York e posso garantir que, naquele momento, a nossa cozinha superava o que havia de melhor naquela cidade.

Foi um privilégio ter sido escolhido, em 1981, para chefiar a cozinha do Le Saint Honoré após a saída do chef Patrick Lannes. Tinha comigo um segundo chef à altura, um jovem cozinheiro brasileiro que me

Laurent Suaudeau – Primeiro chef do Le Saint Honoré da era bocusiana.

30 ~ Le Saint Honoré

apresentava aos produtos locais, meu amigo Paulo Carvalho. Naquele momento, eu começava a usar elementos como quiabo, abóbora, jaboticaba, aipim e batata-baroa. Foi daí que se originaram os clássicos da minha cozinha, como a musselina de batata-baroa ao caviar ou o nhoque de milho verde. Vivenciei vários festivais gastronômicos com a presença de Paul Bocuse e Roger Jaloux, iniciando, naquele momento, as semanas da Cozinha Regional Francesa da Bourgogne, do Mediterrâneo, do Loire etc. Só posso ter orgulho e felicidade por ter atuado numa casa que proporcionou à história da gastronomia brasileira a alegria de ser reconhecida internacionalmente.

LAURENT SUAUDEAU
Chef

"Sabe o que eu gostaria de comer?
Nada disso do que você está falando.
Quero é um hambúrguer com batata frita."

O hambúrguer...

Era noite de carnaval, o Rio fervilhava. Foi quando chegou Eddy Barclay, grande empresário do *show business*, que lançou vários cantores franceses e internacionais. Ele estava com uma turma grande e pediu para me chamar no bar. Apresentou-se. Eu sabia que ele era amigo pessoal do Paul Bocuse e comecei a falar sobre as sugestões do cardápio. Depois de ter falado tudo, ele me disse:

- Sabe o que eu gostaria de comer? Nada disso do que você está falando. Quero é um hambúrguer com batata frita.

Fiquei pasmo. Mas me controlei e respondi:

- Claro, vou providenciar e lhe garanto que você vai comer o melhor hambúrguer da sua vida.

Servi só a carne e a batata, com um molho de maionese que preparei na hora e também ketchup. Dias depois, jornais e revistas repercutiam a história.

"Ao saber que iria servir abóboras, o maître Polinelli protestou veementemente, argumentando que, na terra dele, quem comia abóboras eram os porcos."

A abóbora...

Outro episódio que ficou nos anais do Le Saint Honoré foi a história da abóbora recheada de vitela e trufas que criei para um almoço das "senhoras da sociedade carioca" daquela época. Ao saber que iria servir abóboras, o maître Polinelli protestou veementemente, argumentando que, na terra dele, quem comia abóboras eram os porcos. Vi-me numa saia-justa, mas não tinha como voltar atrás. Mandei servir. Depois do almoço, quando entrei no salão, a senhora Laragoitti levantou-se e bateu palmas. Puxou o coro de aplausos das outras senhoras, que também gostaram e elogiaram. E a abóbora virou iguaria nobre no Le Saint Honoré.

LAURENT SUAUDEAU
Chef

O maître Polinelli, figura lendária.

Acervo fotográfico Le Méridien Copacabana

34 ~ Le Saint Honoré

"Foi um ano decisivo para a arte do bem-viver e da gastronomia carioca, principalmente em função da abertura do Le Saint Honoré."

Fazendo história

Cheguei ao Brasil em 1979; dava meus primeiros passos em um país desconhecido. Foi um ano decisivo para a arte do bem-viver e da gastronomia carioca, principalmente em função da abertura do Le Saint Honoré, sob a grife do estrelado e renomado chef Paul Bocuse.

Na cozinha estava um jovem talento, o chef Laurent Suaudeau, meu amigo, parceiro e compadre, um dos chefs que mudaram a trajetória da culinária no Brasil.

Na sala ficava o maître Polinelli, homem de grande competência, dedicado a sua profissão e ao *savoir faire*. Na direção, estava Robert Bergé, um mestre na arte de receber.

Era, portanto, uma superequipe, garantindo o sucesso absoluto da casa. Hoje o Le Saint Honoré faz parte da história e da tradição gastronômica da cidade do Rio de Janeiro, com cortesia, bom gosto, sofisticação, perfeição, luxo, competência. É um exemplo para a restauração e a culinária brasileiras.

CLAUDE TROISGROS
Chef

"Fizemos do Rio o grande pólo de qualidade gastronômica do Brasil."

O culto da qualidade

Falar do Le Saint Honoré é falar de algo de fundamental importância na história da culinária brasileira. Lembro-me dos dias de minha chegada ao Brasil, no início da década de 1980. Eram tempos bicudos, sem matérias-primas adequadas, sem carnes nobres, sem temperos. E daí a criatividade do amigo Laurent Suaudeau, nessa época o condutor do restaurante. Com Claude Troisgros e meu Enotria, fizemos do Rio o grande pólo de qualidade gastronômica do Brasil. A cada desafio, respondíamos enfrentando as dificuldades e com resultados ainda melhores!

Vários chefs se sucederam no alto pódio do 37º andar, mantendo fielmente o culto da qualidade, num dos empreendimentos de maior sucesso do mestre Paul Bocuse fora da França. Elegância, sobriedade, vista deslumbrante sempre serão comparadas a um verdadeiro cartão-postal do Rio de Janeiro rico em cultura; um verdadeiro templo da alta gastronomia. Parabéns, Le Saint Honoré, por estar aqui na Cidade Maravilhosa!!!

DANIO BRAGA
Sommelier e chef

Acho que fomos vítimas de uma segunda invasão francesa. Na primeira, Villegagnon veio com as armas. Na segunda, os chefs trouxeram panelas, colheres e facas. O sucesso do Le Saint Honoré começou com Robert Bergé e Patrick Lannes, além de figuras fantásticas, como o maître Polinelli e o chef Laurent Suaudeau. O filô de peixe en croûte e a sopa de trufas são pratos memoráveis, bem como a mais saborosa das sobremesas é o gâteau de maracujá. Foi por meio dos franceses que os brasileiros deram valor a esta fruta nacional. O Le Saint Honoré criou uma escola de gente que está por aí fazendo carreira...

A invasão francesa

JOSÉ HUGO CELIDÔNIO
Chef

F abulosos, totalmente fabulosos foram os dois anos que passei no Rio. A colaboração da brigada, o apoio do hotel, tudo me ajudava na cozinha. Um trabalho caloroso, colorido e cheio de aromas, um reflexo da alma carioca. Eu voltaria a trabalhar nas cozinhas do Le Saint Honoré sem nenhuma hesitação.

BERNARD TROUILLER
Chef

P ara mim foi um duplo desafio. Eu nunca tinha trabalhado com sobremesas para restaurante (tinha como experiência a loja Fauchon, em Paris, que, na época, não tinha restaurante) e ia começar logo no topo: o Le Saint Honoré tinha a grife Paul Bocuse. Eu não podia errar.

A experiência foi extremamente importante em termos profissionais. Minha imagem difundiu-se bastante, já que o Le Saint Honoré aparece muito na mídia. Sorte ainda foi trabalhar com grandes chefs, principalmente o Laurent Suaudeau, que era como um pai e sempre soube me incentivar. Para mim, o Le Saint Honoré foi a descoberta da alta gastronomia.

Certa vez preparei um sorvete de feijão-branco e ninguém conseguia descobrir de que era feito. A única pessoa a desvendar o mistério foi a jornalista Danusia Barbara. Depois fiz uma torta de feijão com chocolate branco que se tornou um sucesso incrível. Também foi lá que lancei a torta de maracujá com carocinhos, uma ousadia para aquela época. O Le Saint Honoré permite isto: inovar.

Caminhos nunca antes navegados

PHILIPPE BRYE
Chef-pâtissier

Aquele abraço!

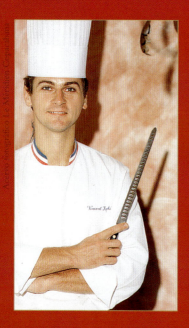

Em poucas palavras, posso definir o Le Saint Honoré como o abre-alas da cozinha francesa no Rio de Janeiro! Momentos felizes? Muitos! Em especial o dia em que encontrei a minha melhor amiga e agora companheira. Como cozinheiro, foi uma grande honra ser reconhecido pelos gourmets e pelos diversos clientes que vieram de todo o País para visitar o famoso restaurante. Além, claro, de poder dividir meu cotidiano com brasileiros criativos por natureza. Tudo isso na Cidade Maravilhosa! Como canta Gilberto Gil, aquele abraço neste Rio de Janeiro lindo!!!

VINCENT KOPERSKI
Chef

Discípulo de Bocuse, vindo do norte da França, de origem polonesa.

Fiz parte do mito

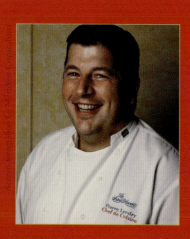

O Le Saint Honoré foi, durante muitos anos, um dos melhores restaurantes da América Latina. Era um mito, era o máximo da arte gastronômica. Gostei muito de ter tido essa chance de trabalho. Representando o restaurante, viajei pelo Brasil, conheci a Amazônia, participei de festivais. Foram três anos e meio de coisas boas.

PIERRE LANDRY
Chef

Em 1997, o chef chega ao Le Saint Honoré

Orgulho e alegria

É escola única. Você aprende muito. A gastronomia hoje funciona como moda, o chef busca tendências, prevê diretrizes, tem que estar atento. Mas, tendo a base que o Le Saint Honoré proporciona, fica mais fácil. Temos amor e respeito à nossa profissão. Ostentamos nossos jalecos com orgulho e alegria. Quando estagiei em Lyon, França, nas casas de Paul Bocuse, entendi ainda mais como cozinha é uma forma de arte contemporânea. E quanto às diferenças culturais entre os cozinheiros brasileiros e os chefs franceses, tudo se resolve na solidariedade. Um por todos e todos por um, já diziam os três mosqueteiros.

RENATO VICENTE
Atual chef executivo do Hotel Le Méridien

Após se destacar como sous-chef do Le Saint Honoré, passou a chef executivo do Hotel.

Beleza dupla

Se existe espaço para eu atuar hoje, é porque eles – os chefs e a equipe do Le Saint Honoré – foram os precursores. O restaurante é um ponto de referência para minha geração, foi onde tudo começou gastronomicamente. Mexe com a minha emoção estar aqui cozinhando por ocasião dos festejos dos trinta anos do hotel. Afinal, a casa tem a assinatura de Paul Bocuse, um líder forte, carismático, potente. Aqui se procura exponencializar o sabor, provocar nossos conhecimentos e memórias. Meu universo é brasileiro, mas bebe nas fontes francesas. O Rio de Janeiro também importa: desde que o Le Saint Honoré nasceu, associo a cidade ao restaurante. Eles fazem a dupla beleza.

ALEX ATALA
Chef

"Um tomava conta da equipe, dava broncas fenomenais em quem errasse alguma coisa, mesmo que fosse um detalhe imperceptível. Sabia pelo andar do garçom se ele era bom ou não. O outro chegava cedo para cuidar dos arranjos de flores, inspecionar toalhas, saber do menu."

Os maîtres

No salão, durante muitos anos, atuava a dupla perfeita de maîtres: Innocenti Polinelli, italiano explosivo, atento e irrepreensível em sua profissão. Falava várias línguas, já servira a famosos como Clark Gable, James Stewart, Yves Montand, além de príncipes, reis, presidentes. Vivia lutando contra os quilos a mais, mas sucumbia perante os pratos que Laurent Suaudeau e seus seguidores preparavam, além da macarronada que tão bem sabia fazer.

O outro maître, Oreste Delfino, também italiano, era discreto, silencioso, quase invisível e eficientíssimo. Um tomava conta da equipe, dava broncas fenomenais em quem errasse alguma coisa, mesmo que fosse um detalhe imperceptível. Sabia pelo andar do garçom se ele era bom ou não. O outro chegava cedo para cuidar dos arranjos de flores, inspecionar toalhas, saber do menu: para Oreste era fundamental que o salão estivesse o mais lindo possível, que a cozinha estivesse tinindo em eficácia, que tudo brilhasse para que a noite fosse esplendorosa... Era magérrimo.

Ambos – cada qual em seu estilo – eram infalíveis: conquistavam os clientes em questão de minutos.

O maître atual, Getúlio Batista Saraiva, veio dessa escola. Cria dessa dupla italiana, confessa que aprendeu muito com eles. Sentiu-se feliz quando Polinelli, a certa altura, disse que Saraiva estava pronto para substituí-lo. Filho de lavradores, sabendo lidar com a terra, Saraiva ampliou em muito seus dotes, tornou-se um especialista em lidar com os desejos dos clientes. Hoje, seus maîtres auxiliares são Marcos Lúcio Martins e Inácio Vargas Neto. Marcos lembra a tendência Polinelli; Inácio resvala para o estilo Oreste.

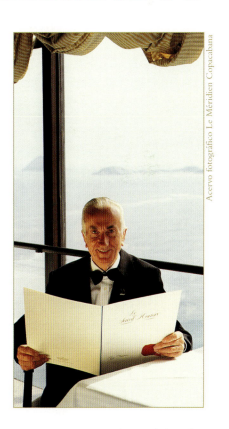

Na página ao lado: maître sommelier Getúlio Saraiva e o maître auxiliar Marcos Martins. Acima: maître Oreste Delfino, outra lenda do Le Saint Honoré.

Ela trouxe o toque feminino para o restaurante onde já está há seis anos. Nascida em Araçuaí, no Vale do Jequitinhonha, de família humilde, ultrapassou todos os obstáculos e tornou-se a primeira mulher brasileira a atuar nas cozinhas de Paul Bocuse, em Lyon, França. Cozinha bem, atende com dedicação e carinho os clientes. Mesmo quando lhe pedem, em vez dos pratos do menu, um singelo ovo frito ou uma sopinha "igual à da vovó". Ela vai para a cozinha na maior concentração e prepara ovos fritos inesquecíveis. Seu sonho era trabalhar no Le Saint Honoré. Conseguiu. Desde então tenta se aprimorar mais e mais. Tem garra: dois meses depois que entrou para a equipe, chef Pierre Landry saiu de férias. Era pegar, enfrentar e saber comandar. Ana Ribeiro saiu-se bem, com todos os louvores. Gosta de tudo, não importa se doce ou salgado, se coquetel, amuse bouche ou o grande jantar. Faz bolos diáfanos, saladas delicadas, carnes com vigor, molhos que encantam, pratos que surpreendem. Nas horas vagas, escuta óperas. Assim é a atual sous-chef do Le Saint Honoré.

Ana Ribeiro, a primeira mulher

Ana Ribeiro, sous-chef do Le Saint Honoré.

O pianista toca de maneira sutil, agradável. Há cuidados no servir e a comida está ótima. O novo chef, Dominique Oudin, é craque. Começamos por um parfait de foie de volaille, com compota de pepino agridoce e uma bruschetta de confit de pato. O que poderia ser um samba de francês louco é papa-finíssima e abre todos os apetites. Depois é escolher entre o pargo assado ao molho de gengibre; o pato em molho de amêndoa doce; as vieiras sobre blinis de abóbora e caviar; o siri-mole com guacamole e vinagrete de toranja; a galinha-d'angola temperada ao zimbro com lentilhas e patê quente em massa folhada. De sobremesa, raviólis de açaí, gratin de goiaba e sorvete de mangaba. Toque final: o próprio chef vem ao salão preparar uma tisana com inúmeros temperos e sabores, personalizando ao máximo. Muito bom, um superpresente, único no Rio de Janeiro.

Le Saint Honoré, registro de uma noite, ano de 2002

Le Saint Honoré 47

Formação completa

O Le Mériden e, em especial, o Le Saint Honoré, significam tudo na minha vida profissional. Foi lá que aprendi o que é uma cozinha, do básico ao mais sofisticado. Se aos 15 anos eu vendia panelas e depois estudei eletrotécnica, aos 16 anos já dava tudo de mim pela oportunidade de trabalhar lá. Comecei lavando panelas, passei para o *room service* para montar sanduíches e, a seguir, fiquei cinco anos na cozinha principal, aprendendo e fazendo molhos. Uma formação completa, com técnicas diferentes de mais de dez chefs, com quem tive a honra de conviver dia e noite. De sous-chef do Laurent Suaudeau cheguei a chef executivo e, em 1991, fui transferido para o Le Méridien Bahia. Atualmente tenho uma empresa de consultoria e eventos. Por isso, digo: o Le Méridien foi minha universidade de gastronomia.

Paulo Carvalho
Chef

"O clima era muito tenso. Chef Bernard era nervoso e exigente, e acho que a comparação com o chef anterior, Laurent Suaudeau, era inevitável, pois eram duas cozinhas distintas, cada qual com seus apreciadores."

De aprendiz a chef

Conheci o Le Saint Honoré em 1984, quando cheguei ao Rio de Janeiro vindo da Venezuela, onde participara de um concurso de alunos e aprendizes de cozinha. O chef na época era o Laurent Suaudeau, que me aconselhou a tentar um estágio no Le Méridien, pois minha intenção era trabalhar em um grande hotel e ainda mais com cozinhas tão conceituadas. Fiz quatro meses de estágio e acabei sendo contratado como ajudante de cozinha, mas na cozinha principal, pois no Le Saint Honoré não havia vagas.

Trabalhei no Café de La Paix e Le St. Trop por vários anos e só consegui subir ao 37º andar (onde fica o Le Saint Honoré), em 1988, chefiado na época por Bernard Trouiller, que estava de saída. O clima era muito tenso. Chef Bernard era nervoso e exigente, e acho que a comparação com o chef anterior, Laurent Suaudeau, era inevitável, pois eram duas cozinhas distintas, cada qual com seus apreciadores. Mas o período Laurent Suaudeau foi superimportante para a gastronomia no Rio. Ele valorizou nossos produtos e ensinou como utilizá-los de maneiras inusitadas.

Após a saída do Bernard, veio Vincent Koperski que, depois do Laurent, foi o chef que mais representou Paul Bocuse no Brasil. Vincent era sério, trabalhador, exigente: jovem, vindo do norte da França, de família polonesa, nunca havia saído de seu país. Ganhou inúmeros concursos, adorava fazer fotos de pratos, era muito organizado e ótimo cozinheiro. Fizemos vários festivais superconcorridos no Le Saint Honoré, até mesmo com a presença de Paul Bocuse e Roger Jaloux.

Em 1990, o restaurante fechou para reforma e fui enviado para a França para fazer um estágio de quatro meses em Collonges au Mont D'Or. Descobri, então, na França, em Lyon, na casa de Paul Bocuse, o que era um "negócio de restaurante". Foi meu primeiro contato com uma empresa em si, com processos de compras, detalhes de mídia, exploração de produtos nunca vistos, relação patrão-empregado, estratificação social européia etc. Descobri também que, guardadas as devidas proporções, a cozinha do Le Saint Honoré fazia bonito, isto é, era de grande qualidade no que se referia à equipe (todos brasileiros), matéria-prima, técnicas de manipulação e instalações, enfim um grande restaurante.

Não posso deixar de falar do maître Polinelli, figura fundamental neste histórico. Vi clientes irem embora ao saberem que Polinelli estava de folga! Conhecia bem a cozinha clássica francesa e internacional, tinha memória invejável e personalidade complexa. Apreciava bons vinhos.

MILTON SCHNEIDER
ex-sous-chef do Le Saint Honoré

"Desde que aqui cheguei, há quatro anos, percebo que as coisas mudaram. Hoje, muitos artesãos, fornecedores e distribuidores entenderam que cada chef tem uma cozinha diferente e que cada um procura produtos específicos e particulares."

Presente carinhoso

Ser o atual chef do Le Saint Honoré significa fazer evoluir a herança transmitida pelos meus predecessores. Ser chef francês num país estrangeiro é mais do que estar no comando de uma cozinha: é transmitir um *savoir-faire*, métodos e uma mentalidade de trabalho à francesa, adaptando-se às características culturais do lugar.

Desde que aqui cheguei, há quatro anos, percebo que as coisas mudaram. Hoje, muitos artesãos, fornecedores e distribuidores entenderam que cada chef tem uma cozinha diferente e que cada um procura produtos específicos e particulares. Essas pessoas desenvolveram um grande trabalho para atender às expectativas e vontades de cada um de nós. O material de cozinha também se desenvolveu, com maquinário atualíssimo, inclusive nacional. E continua grande a motivação das pessoas para trabalhar no Le Saint Honoré: permanece uma bela escola.

Le Saint Honoré foi um presente carinhoso que Paul Bocuse e o Le Méridien deram aos cariocas. A cidade é linda, mágica, e nós – franceses –, gostamos muito dela. Buscamos dar o melhor: a nossa gastronomia. Os brasileiros apreciaram: tornou-se lugar que faz sonhar,

onde se vai e vem, onde celebram-se momentos importantes, em família ou junto de amigos.

Trabalho para que minha cozinha reflita a imagem que eu sinto, rica em descobertas, sabores e emoções. O Brasil é um tesouro de produtos, aromas e gostos, com frutas, verduras, legumes e peixes totalmente desconhecidos na Europa. Eles são a base da minha inspiração. O alimento em si não é tudo; ganha encanto depois de passar pelas mãos do cozinheiro. Sempre que posso, uso este exemplo: se usamos um filé de carneiro cru e sem tempero não é muito bom. Se o temperamos com sal, pimenta e tomilho, temos uma imagem da Provence no nosso espírito; se este mesmo filé é cozinhado com curry, obtemos, assim, notas indianas, e se o misturamos com gergelim, açafrão e canela, obtemos um Tajine. Somente depois de ter passado pelas mãos do cozinheiro é que o produto pode transmitir emoções e referências culturais.

Dou importância à apresentação dos pratos, é o primeiro contato com o cliente. Gosto quando eles comparam meus pratos a quadros de pintura. E me realizo quando dizem ter passado um momento único, saboreando o que preparei.

Para me orientar nas pesquisas, tive a sorte de ter o apoio e a ajuda da minha sous-chef Ana Ribeiro que, graças ao seu domínio das culturas culinárias brasileira e francesa, apresentou-me produtos como o pequi, ora-pro-nóbis, açaí, acerola e outros mais. No Le Saint Honoré, isto é possível: investigar, conhecer, crescer. E receber de volta um imenso prazer.

DOMINIQUE OUDIN
Chef do Le Saint Honoré

Chef Dominique Oudin, sous-chef Ana Ribeiro e equipe da cozinha do Le Saint Honoré.

Le Saint Honoré ~ 55

"Até uma certa época, o Rio tinha sotaque parisiense na arquitetura, no jeito de vestir e, principalmente, em torno dos fogões, quando celebrava o requinte da comida dos restaurantes de hotel e dos grandes salões particulares."

Rio, a capital dos franceses

A porção francesa da Família Imperial brasileira foi o começo de uma história de afinidades que o Rio de Janeiro acumulou em mais de um século, tornando a cidade a eterna capital dos franceses nessas bandas atlânticas.

Até uma certa época, o Rio tinha sotaque parisiense na arquitetura, no jeito de vestir e, principalmente, em torno dos fogões, quando celebrava o requinte da comida dos restaurantes de hotel e dos grandes salões particulares.

Também houve a fase dos bistrôs, autênticos e aconchegantes, que brilharam quando a cidade vivia o esplendor de pertencer ao roteiro internacional.

Décadas à frente, tons de azul, branco e vermelho coloriram novamente a culinária carioca com a feliz iniciativa do Hotel Le Méridien de contratar a *expertise* do chef Paul Bocuse, que na época estonteava o mundo gastronômico com a rebelde e efêmera *nouvelle cuisine*. Seu incontestável talento o incumbia, como faz até os dias de hoje, de selecionar e treinar os cozinheiros que dali em diante - com incrível regularidade - tocariam a cozinha do restaurante Le Saint Honoré, a locomotiva culinária do hotel.

Nunca a idéia de uma consultoria nesse *métier*, prática habitualmente errática, teve tão bom proveito ao longo de 25 anos de atividade.

Como prova do nível de que falo, melhor citar autores. Entre vários, Laurent Suaudeau, que até hoje ostenta o título de melhor cozinheiro do País, deixou na gastronomia do Le Saint Honoré uma aura de qualidade, e dela a cidade ainda suspira de saudades até hoje. Antes deste, veio Patrick Lannes que inaugurou a nova linhagem, surpreendendo o Rio com a índole de um paladar criativo e inédito para os comensais daquele tempo. Da seqüência de chefs que assumiram depois, persistiu o estilo bocusiano, com o restaurante sempre entre os que disputavam o topo do *ranking* da cidade.

Hoje, para não fugir à regra, as aptidões do chef Dominique Oudin também sinalizam mais uma festejada recomendação daquela grande escola.

No mais, *salut* e vida longa às artes do Le Saint Honoré!

RODOLFO GARCIA
Crítico gastronômico

Dados históricos

❧ Com fogos, luzes e muita expectativa, inaugurava-se, a 15 de outubro de 1975, o Hotel Le Méridien Copacabana.

No topo, em pleno 37º andar, resplandecia uma de suas estrelas máximas, o restaurante Le Saint Honoré,★ sob o comando do chef Jean-Paul Michaud. Cozinha clássica francesa. A decoração de Gilles Jacquard e Sílvio Dodsworth valorizava a vista para o mar de Copacabana, deslumbrante de dia e romântica nas noites de luar.

❧ A 4 de setembro de 1979, o grande lance: o restaurante passou a ostentar a grife Paul Bocuse. Pérolas e cúpulas surgiram sobre as mesas, criando nichos para as pessoas sentirem-se aconchegadas, em clima elegante. No comando dos fogões, chef Patrick Lannes. A reinauguração, em noite inesquecível, iniciou a trajetória que fez do Le Saint Honoré um marco na gastronomia brasileira.

❧ A 1º de março de 1980, Laurent Suaudeau assumiu o posto de chef, investindo na criação de pratos absolutamente deliciosos. Transformou a dificuldade de encontrar produtos em trunfo: trabalhava com produtos locais e instigava o mercado para que oferecesse mais e mais. Conseguiu. Revolução gastronômica, uma ida ao Le Saint Honoré tornara-se acontecimento fundamental. O restaurante funcionava, então, com almoço e jantar, sempre repleto com seus mais de cem lugares disputadíssimos. Entre os destaques culinários, a musselina de batata-baroa com caviar.

❧ Em 1º de agosto de 1986 foi a vez de Bernard Trouiller, ainda no ápice da *nouvelle cuisine*, mostrar sua versatilidade com pratos como o cozido de crustáceos com fundos de alcachofra.

❧ A 5 de dezembro de 1988, chegou o chef Vincent Kopersky, genial na composição dos pratos e algo tímido no salão, com pratos como filé assado à la moelle ou chausson de cavaquinha, robalete assado aos dois molhos. Atualmente, Vincent é chef executivo na Geórgia, Estados Unidos.

∽ Em 27 de setembro de 1990, o restaurante reabriu as portas, depois de oito meses de reforma substancial no salão, assinada pelo arquiteto Chicô Gouvea. Foram-se as pérolas, passou-se a setenta lugares, manteve-se o aspecto apurado, fino, único. Uma áurea de alegria apareceu com o céu azul claro e as nuvenzinhas diáfanas pintadas no teto; com as listras e o xadrez das cadeiras se misturando nas cores branco, amarelo e preto; com os espelhos enfeitados com o enigmático rosto de uma menina (seria Alice no País das Maravilhas ou uma Mona Lisa contemporânea?).

∽ A 22 de julho de 1991, novo enviado de Bocuse: Michel Augier, tranqüilo e discreto, conquistou a clientela com pratos simples e saborosos, como o fricassée de camarões ao mango chutney no talharim.

∽ A 1º de março de 1997, desembarcou o jovial Pierre Landry. Fascinado com produtos da Amazônia, criou pratos com peixes, frutas e temperos até então desconhecidos, executados com o apoio das técnicas francesas. Entre os sucessos, o pintado com molho de maracujá e juliana frita de alho-poró e gengibre; ou a sobremesa sinfonia de chocolate e açaí.

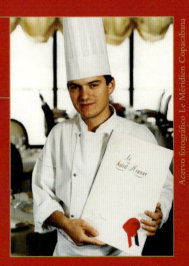

Michel Augier, chef.

∽ Em 4 de julho de 2001, Dominique Oudin torna-se o novo chef do Le Saint Honoré. Adepto da cozinha *fusion*, surpreende com misturas, perfumes e especiarias, num equilíbrio de gostos interessantíssimos: mil-folhas de salmão e enchovas com três pimentas e o rolê de vitela trufado e seus legumes em *pot au feu* são algumas de suas criações.

∽ Em 13 de junho de 2004, reforma drástica: cozinha e salão mudam radicalmente na ocupação do espaço, no ambiente, no espírito. Segundo a arquiteta Janete Costa: "Demolimos tudo. Não sobrou nem fiação para contar história". O menu de Dominique Oudin abre-se às tendências contemporâneas, pratos cada vez mais exclusivos e diferentes, usando três dimensões. Um novo capítulo se inicia.

[Nota] *O nome do restaurante é uma alusão ao Faubourg Le Saint Honoré, em Paris. No Le Méridien Copacabana, os salões têm nomes de bairros, ruas, praças parisienses: Montmartre, Montpellier, St. Germain, Vendôme, Elysées.

Les Grands Classiques
de Paul Bocuse
et de la Cuisine Française

Os Grandes Clássicos
de Paul Bocuse
e da Cozinha Francesa

Les Entrées

Entradas

Consommé de Volaille au Parfum de Truffes

Consomê de Frango ao Perfume de Trufas

Para o caldo:
60ml de azeite
1kg de carne bovina magra (paleta, rabo)
500g de frango
25g de alho
100g de cebola
200g de alho-poró
200g de cenoura
1 bouquet garni*
1 pitada de sal grosso
2g de pimenta-do-reino branca quebrada grosseiramente
2 cravos

Para a clarificação:
200g de carne bovina magra (paleta, rabo)
50g de cenoura
100g de alho-poró
300g de tomate
50g de talos de salsa e estragão
1 pitada de sal
2 claras para cada litro de caldo

Para a guarnição:
20g de trufas picadas
100g de musse de peixe cortada em cubos
100g de terrina de foie gras cortada em cubos
100g de shiitake fatiado
50g de cenoura e aipo cortados em cubos
100ml de vermute Nolly Prat
50ml de azeite de trufa branca
2 galhos de estragão fresco
300g de massa folhada
2 gemas para pincelar

Utensílios necessários:
coador, moedor ou processador de alimentos, bowl, pincel

Rendimento:
4 porções

Preparo do caldo:

1. Numa frigideira, aquecer o azeite e cozinhar a carne bovina e de frango.
2. Acrescentar o restante dos ingredientes, cobrir com água e deixar cozinhar por 1 hora.
3. Coar e resfriar o caldo. Reservar.

Preparo da clarificação:

1. Moer a carne e os legumes.
2. Num recipiente, juntar a carne, os legumes moídos e o estragão com as claras e emulsionar.*
3. Colocar a clarificação dentro do caldo já frio e aquecer lentamente. Mexer para não deixar as claras coagularem. Quando iniciar a fervura, parar de mexer e cozinhar por mais 40 minutos sem ebulição.
4. Coar com cuidado e reservar.

Montagem:

1. Servir 1 colher de sopa da guarnição em cada bowl, 1 colher de sopa de Nolly Prat, 1 colher de café de azeite de trufa e 5 folhas de estragão picadas.
2. Acrescentar o consomê e cobrir com a massa folhada. Pincelar com gema. Levar ao forno a 180°C por 15 minutos.
3. Servir bem quente.

Le Saint Honoré

Escargots en Coquilles au Beurre Persillé

Escargot em Conchas com Manteiga de Escargot

Para a manteiga de escargot:
24 escargots cozidos
80g de folhas de salsa
8g de sal
3 dentes de alho descascados sem germe
1 filé de alici
300g de manteiga à temperatura ambiente
3g de pimenta-do-reino branca moída
24 conchas de escargot
500g de sal grosso

Para o suporte de sal grosso:
500g de sal grosso
4 claras
150g de farinha de trigo

Para a guarnição:
500g de folhas mistas lavadas
30ml de vinagrete

Utensílios necessários:
toalha de papel, liqüidificador, cortador ou tubo de 3cm de altura e 3,5cm de diâmetro, tabuleiro

Rendimento:
4 porções

Preparo do escargot:
1. Lavar os escargots e secar em toalha de papel.
2. Lavar a salsa e bater no liqüidificador com o sal, o alho e o alici. Juntar a manteiga e bater até obter um creme liso. Acrescentar a pimenta.
3. Colocar um pouco de manteiga de escargot em cada concha. Introduzir os escargots e cobrir com o restante da manteiga.
4. Na hora de servir, colocar o sal grosso sobre uma bandeja, dispor os escargots por cima e levar ao forno durante 4 minutos a 180°C.

Preparo do suporte de sal grosso:
1. Num recipiente, misturar o sal grosso, as claras e a farinha. Com a ajuda de cortador ou tubo, moldar 24 suportes de sal.
2. Levar ao forno a 110°C por 20 minutos.

Montagem:
1. Arrumar os suportes no prato e dispor as conchas aquecidas por cima.
2. Servir com uma salada temperada com o vinagrete do lado.

Mousseline de Pomme Baroa au Caviar

Musselina da Batata-Baroa com Caviar

Laurent Suaudeau

200g de batata-baroa lavada e descascada
300ml de creme de leite fresco
sal, pimenta-do-reino moída na hora e
   noz-moscada a gosto
2 colheres de sopa de manteiga
40g de caviar

Utensílios necessários:
peneira ou espremedor de batata, mixer

Rendimento:
4 porções

PREPARO:
1. Cozinhe as batatas em água fervente com sal.
2. Depois de cozidas, escorra e passe por uma peneira ou espremedor.
3. Em uma panela, coloque o creme de leite temperado com sal, pimenta e noz-moscada e leve ao fogo até ferver.
4. Tire do fogo e vá juntando aos poucos a batata amassada, batendo com um mixer até obter a consistência de uma musselina (um purê de batata bem leve).
5. Por último, junte a manteiga.
6. Disponha a musselina em tigelinhas individuais e decore com caviar ao centro.

Le Saint Honoré

Les Suites

Pratos Principais

Traditionnel Filet de Mérou en Croûte Feuilletée, Sauce Choron

Tradicional Filé de Cherne "en Croûte" Folhada, Molho Choron

Para a musse de peixe:
200g de creme de leite
200g de aparas de peixe, cavaquinha etc.
10g de sal
2g de pimenta-do-reino
20g de pistache
2g de noz-moscada
10 folhas de coentro
10 folhas de estragão

Para o molho choron:
1 cebola
50ml de vinagre de estragão
30ml de vinho branco
2 colheres de sopa de estragão picado
2 pitadas de pimenta-do-reino branca mignonnette
sal a gosto
3 gemas
1 colher de café de água
125g de manteiga clarificada (ver receita na p. 151)
50ml de concassê* de tomate (reduzida* até 2 colheres de purê de tomate)

Para o cherne:
1,2kg de massa folhada
1 filé de cherne (de 700g) em fatias de 40g
sal e pimenta-do-reino a gosto
1 gema de ovo para pincelar

Utensílios necessários:
moedor de carne, processador de alimentos, bico de confeiteiro, placa, pincel

Rendimento:
4 porções

Preparo da musse de peixe:
1. Colocar a vasilha do processador e o creme de leite durante 10 minutos no freezer.
2. Moer as aparas, colocar as aparas moídas no processador e bater com os temperos.
3. Incorporar pouco a pouco o creme de leite. Verificar a consistência da musse e acrescentar o pistache, a noz-moscada e as ervas picadas.

Preparo do molho choron:
1. Numa panela, colocar a cebola, o vinagre, o vinho, o estragão, a pimenta e o sal. Reduzir 2/3 do líquido. Deixar resfriar.
2. Na redução, acrescentar as gemas, 1 colher de água e emulsionar* em fogo baixo ou em banho-maria,* até obter uma consistência cremosa.
3. Fora do fogo, incorporar a manteiga clarificada pouco a pouco, acrescentar o purê de tomate e reservar.

Preparo do cherne:
1. Numa placa, colocar 1 folha de massa folhada, dispor 1 fatia de peixe, 1 colher de musse, outro pedaço de peixe, outra colher de musse e um terceiro pedaço de peixe.
2. Pincelar com a gema a massa folhada deixando sobrar em volta do peixe. Cobrir com a outra folha de massa folhada.
3. Com uma faca fina, desenhar o peixe com as nadadeiras. Pincelar o peixe com a gema e desenhar as escamas com um bico de confeiteiro.
4. Repetir a mesma operação para as quatro porções.
5. Levar ao forno a 180°C por 17 minutos, na própria placa.

Montagem:
1. Na hora de servir, apresentar o cherne inteiro na bandeja, com o molho choron à parte.

Le Saint Honoré ~ 73

Rouget Barbet en Écailles de Pommes de Terre Croustillantes

Trilha em Escamas de Batatas "Croustillantes"

Para as trilhas:
4 trilhas de 300g cada uma
400g de batata-inglesa descascada e cortada em rodelas de 1mm
100ml de manteiga clarificada (ver receita na p. 151)
1 gema
120ml de azeite

Para o molho:
80g de cebola cortada em cubos
240ml de vinho branco
240ml de vermute Noilly Prat
40ml de creme de leite
sal e pimenta-do-reino a gosto
40g de manjericão picadinho

Para a guarnição:
50ml de azeite
30g de manteiga
100g de cogumelos morilles
1 molho de aspargos frescos

Utensílios necessários:
bico de confeiteiro de 18mm, escorredor, pincel, tabuleiro, frigideira antiaderente, liqüidificador ou mixer, coador

Rendimento:
4 porções

Preparo das trilhas:
1. Limpar as trilhas e retirar todas as espinhas.
2. Com um bico de confeiteiro de 18mm, cortar as rodelas de batata em discos.
3. Levar os discos numa panela de água fria para ferver por 10 segundos.
4. Numa panela, escorrer as batatas e passar na manteiga clarificada.
5. Num tabuleiro, arrumar os filés de trilha. Pincelar a pele da trilha com a gema e arrumar as fatias de batata iniciando pela cauda até a cabeça. No final, pincelar totalmente as escamas de batata com manteiga clarificada. Reservar.
6. Na hora de servir, aquecer uma frigideira antiaderente com um fio de azeite e fritar as trilhas do lado das escamas de batatas, por 3 minutos.

Preparo do molho:
1. Cozinhar as cebolas com o vinho e o vermute. Reduzir★ à metade.
2. Juntar o creme de leite e reduzir de novo. Temperar com sal e pimenta e adicionar o manjericão.
3. Deixar em infusão por 5 minutos.
4. Bater no liqüidificador ou com o mixer e coar.

Preparo da guarnição:
1. Refogar com azeite e manteiga os cogumelos morilles e os aspargos frescos cozidos.

Montagem:
1. Regar o fundo de cada prato com o molho.
2. Dispor as trilhas e a guarnição

Le Saint Honoré

Steak au Poivre, Gratin de Deux Racines

Filé Mignon "Poêlé" com Pimenta, Gratin de Duas Raízes

Para o steak:
4 tournedos* de filé mignon de 150g
100g de pimenta-do-reino quebrada
azeite e manteiga a gosto

Para o molho:
50ml de conhaque
100ml de vinho branco
400ml de caldo de carne
 (ver receita na p. 153)
50g de manteiga

Para o gratin de duas raízes:
500g de batata-inglesa descascada e cortada em rodelas finas
1 aipo-rábano descascado e cortado em rodelas finas
1 colher de sobremesa de sal grosso
500ml de creme de leite
100ml de leite
3 dentes de alho
pimenta-do-reino branca e noz-moscada a gosto
manteiga para untar

Para a saladinha:
1 tomate sem pele e sem semente cortado em cubos
1 talo de aipo pequeno, cozido al dente,* cortado em cubos
10ml de azeite extravirgem
1 colher de chá de ciboulette picada

Utensílios necessários:
peneira, escorredor, escumadeira, tabuleiro retangular

Rendimento:
4 porções

Preparo do steak:
1. Empanar todos os lados dos tournedos com pimenta. Apertar, ligeiramente, com a mão para incrustar a pimenta na carne.
2. Na hora de servir, colocar um fio de azeite e 1 colher de manteiga em uma frigideira e assar todos os lados da carne. Quando estiver cozida, eliminar a gordura para fazer o molho.

Preparo do molho:
1. Deglaçar* a frigideira em que os tournedos foram fritos com o conhaque. Deixar flambar.* Juntar o vinho branco e reduzir.*
2. Adicionar o caldo de carne e deixar reduzir novamente.
3. No final, incorporar a manteiga no molho e retificar o tempero.

Preparo do gratin de duas raízes:
1. Colocar as rodelas de batata e aipo em uma peneira com o sal grosso. Misturar bem e deixar por 10 minutos.
2. Enquanto isso, levar ao fogo uma panela com o creme de leite, o leite e o alho para reduzir.
3. Escorrer as batatas e o aipo, pressionando para retirar totalmente a água.
4. Retirar o alho do creme e juntar as batatas e o aipo. Colocar a pimenta e a noz-moscada.
5. Retirar as batatas e os aipos com uma escumadeira e colocar num tabuleiro retangular untado com manteiga. Adicionar o creme de leite suficiente apenas para cobrir as batatas e os aipos.
6. Levar ao forno a 120ºC por 45 minutos.

Preparo da saladinha:
1. Na hora de servir, misturar os dois legumes com o azeite e a ciboulette picada.

Montagem:
1. No centro de cada prato, colocar o filé e regar com o molho.
2. Dispor 3 pedaços quentes de gratin em volta do filé e servir a saladinha em cima.

Le Saint Honoré

Les Desserts

Sobremesas

Crème Brûlée à la Vanille

Creme Brûlée de Baunilha

1 fava de baunilha
4 gemas
100g de açúcar
200ml de leite
250ml de creme de leite
30g de açúcar mascavo

Utensílios necessários:
batedeira, coador, 4 forminhas, maçarico

Rendimento:
4 porções

Preparo:

1. Cortar a fava de baunilha em duas partes e retirar as sementes.
2. Num recipiente, bater as gemas com o açúcar.
3. Juntar as sementes de baunilha e o leite e bater novamente, acrescentando o creme de leite. Coar.
4. Dividir o creme nas forminhas. Levar ao forno a 100°C por 45 minutos, em banho-maria.★ Desligar o forno e deixar por mais 30 minutos. O creme estará cozido quando se agitar o tabuleiro e o creme tremer firme. Reservar por 1 hora.
5. Na hora de servir, polvilhar com o açúcar mascavo e caramelizar,★ embaixo de uma salamandra ou com um maçarico próprio para este fim. O creme brûlée pode ser servido com sorvete ao lado ou em cima.

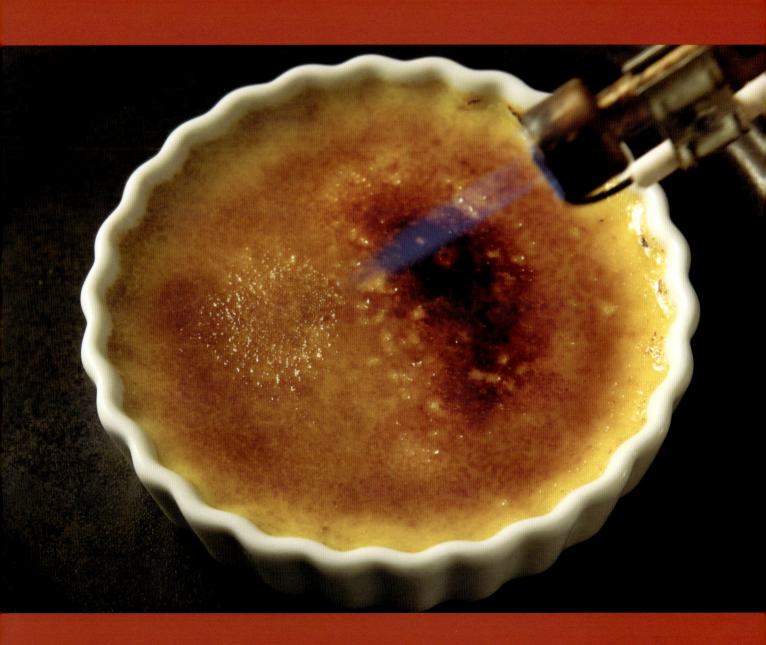

Soufflé Chaud au Grand Marnier

Suflê Quente ao Grand Marnier

Para o creme confeiteiro:
6 gemas
125g de açúcar refinado
100g de farinha de trigo
500ml de leite
1 fava de baunilha cortada no sentido do comprimento

Para o suflê:
250g de creme confeiteiro
100ml de Grand Marnier
8 claras
125g de açúcar

Utensílios necessários:
batedeira, coador, espátula, ramequim

Rendimento:
4 porções

PREPARO DO CREME CONFEITEIRO:
1. Em um recipiente, misturar as gemas e 1/3 do açúcar e bater até obter uma consistência cremosa. Juntar a farinha.
2. Aquecer o leite com o restante do açúcar e a fava de baunilha. Quando o leite estiver quase para ferver, coar em cima dos ovos. Levar o creme para cozinhar sem parar de mexer. Ferver por 2 minutos e reservar.

PREPARO DO SUFLÊ:
1. Num recipiente, para cada porção, misturar 2 colheres de sopa de creme confeiteiro com 1 colher de sopa de Grand Marnier. Misturar bem.
2. Em outro recipiente, bater as claras em neve e, no final, adicionar o açúcar e continuar batendo.
3. Com uma batedeira, misturar 1/3 da clara batida com o creme confeiteiro, e depois, cuidadosamente, com uma espátula, juntar o restante das claras batidas.
4. Untar o ramequim com a manteiga, polvilhar com açúcar e encher com a massa do suflê. Levar ao forno a 190ºC, em banho-maria,★ por 8 a 10 minutos.
5. Servir em seguida.

MONTAGEM:
1. Na hora de servir, abrir um buraco no meio do suflê com 1 colher e derramar o restante de Grand Marnier.

Saint Honoré

Torta Saint Honoré

Para a massa sablé:
100g de manteiga
65g de açúcar
20g de farinha de amêndoa pronta
1 pitada de sal
1 ovo
1/2 fava de baunilha
170g de farinha de trigo

Para a massa de choux:
125g de água
125ml de leite
100g de manteiga
2g de sal
6g de açúcar
150g de farinha de trigo
4 ovos
1 gema para pincelar

Para o chibouste de laranja:
80g de gema
120g de açúcar
20g de maisena
240ml de leite
20ml de suco de laranja
4 folhas de gelatina sem sabor
30g de casca de laranja confit
30ml de água
130g de clara

Para o chantilly:
10 folhas de gelatina sem sabor
25g de xarope de açúcar (ver receita na p. 153)
250ml de creme de leite

Para o caramelo:
50ml de água
200g de açúcar

Utensílios necessários:
batedeira, cortador, placa, batedor de arame, pão-duro, saco de confeiteiro, bico de 1cm, pincel, bico de Saint Honoré, tabuleiro, travessa para servir

Rendimento:
4 porções

Preparo da massa sablé:
1. Bater a manteiga na batedeira, até obter a consistência de pomada.
2. Adicionar o açúcar, a farinha de amêndoa, o sal, o ovo e a baunilha. Continuar a bater e, pouco a pouco, juntar a farinha.
3. Deixar descansar na geladeira por 2 horas.
4. Após esse intervalo, abrir a massa com o rolo e cortá-la com um diâmetro de 20cm.
5. Colocar numa placa e assar no forno a 170ºC por 15 minutos, aproximadamente.

Preparo da massa de choux:
1. Numa panela, levar para ferver a água, o leite, a manteiga, o sal e o açúcar.
2. Retirar a panela do fogo e acrescentar a farinha de uma vez só.
3. Com um batedor, misturar até obter uma consistência lisa.
4. Levar novamente a panela ao fogo e, com um pão-duro, mexer até que a massa seque. A massa estará pronta quando apertá-la e não ceder. Adicionar os ovos, um a um, dentro da massa e misturar bem.
5. Encher um saco de confeiteiro com a massa e, com um bico de 1cm de diâmetro, fazer uma coroa de 20cm de diâmetro e as bombinhas para cobrir a coroa.
6. Pincelar com gema tanto as bombinhas como a coroa e levar ao forno a 200ºC por 20 minutos e, depois, 5 minutos com a porta do forno ligeiramente aberta para deixar sair o vapor.
7. A massa estará pronta quando estiver seca e com consistência firme.

Preparo do chibouste de laranja:
1. Na batedeira, bater as gemas com 30g de açúcar e a maisena até obter uma consistência de "puxa" (fita).
2. Ferver o leite e verter sobre essa mistura, levando ao fogo baixo, mexendo até engrossar.
3. Aquecer o suco de laranja, juntar a gelatina previamente amolecida em água gelada e espremida para retirar o excesso de água.

4. Juntar tudo e acrescentar as cascas de laranja confit.★
5. Levar o restante do açúcar (90g) ao fogo para cozinhar com a água para fazer uma calda, chegando a temperatura a 120°C.
6. Bater as claras em neve e regar com a calda de açúcar, pouco a pouco, formando um merengue. Bater até esfriar.
7. Misturar o merengue com o creme de laranja e reservar num tabuleiro.

Preparo do chantilly:
1. Derreter a gelatina previamente amolecida e espremida no xarope.
2. Bater o creme de leite em ponto de chantilly e incorporá-lo ao xarope.

Preparo do caramelo:
1. Numa panela, colocar a água e o açúcar. Levar para ferver lentamente.
2. Retirar, se preciso, a espuma e limpar a borda da panela com um pincel embebido com água gelada.
3. Quando o açúcar começar a pegar uma cor dourada, interromper o cozimento.

Montagem:
1. Colocar a massa sablé na travessa e sobre ela a coroa colando com um pouco de caramelo. Sobre a coroa, dispor as bombinhas também fixadas com caramelo.
2. No centro, colocar um disco de chibouste de laranja.
3. Por fim, cobrir totalmente a torta com chantilly usando o saco de confeiteiro com um bico de Saint Honoré.

Le Saint Honoré ～ 85

Les Découvertes Paris-Rio

As Descobertas Paris-Rio

Dominique Oudin

Canapé Bar

Cover Aperitivo

Para a crosta de pão frito:
200g de massa de pão francês pronta
farinha de trigo para polvilhar
1 colher de chá de páprica doce
1 colher de chá de anis-verde
1 colher de chá de gergelim
500ml de manteiga clarificada (ver receita na p. 151)
sal a gosto

Para a sopa de pepino:
2 pepinos japoneses
7 folhas de hortelã finamente picadas
7 folhas de coentro finamente picadas
1 colher de café de vinagre de xerez
2 gotas de tabasco
30g de queijo de cabra cortado em cubos
1 tomate sem pele e cortado em finos cubos

Para o bortsch de beterraba:
250g de beterraba
100ml de caldo de frango claro ou escuro (ver receita nas páginas 152 e 153)
10ml de vinagre balsâmico
20ml de azeite extravirgem
1/2 maçã verde cortada em cubos

Para a azeitona marinada:
250g de azeitona preta
500ml de azeite extravirgem
1 dente de alho
1 pimenta-de-pássaro
suco de 1/2 limão mais a casca ralada
1 galho de alecrim

Utensílios necessários:
toalha de papel, liqüidificador

Rendimento:
12 porções

PREPARO DA CROSTA DE PÃO DE FRITO:

1. Dividir a massa de pão em três. Salpicar um pouco de farinha sobre a bancada e abrir as três massas com 3mm de espessura em forma de retângulo.
2. Salpicar a páprica sobre a primeira massa (até a metade da massa). Dobrar cobrindo a parte com a páprica. Abrir de novo para ficar com 3mm e levar à geladeira por 30 minutos. Repetir a operação com o anis-verde e o gergelim. Depois, cortar cada massa temperada em tiras de 12cm x 0,5cm.
3. Colocar a manteiga clarificada numa panela larga e baixa e levar ao fogo para aquecer. Fritar as tiras de pão de 10 em 10, procurando mantê-las retas. Quando estiverem bem douradas, retirar e colocar em toalha de papel e salpicar um pouco de sal.

PREPARO DA SOPA DE PEPINO:

1. Descascar os pepinos, retirar as sementes de um pepino e cortar 1/4 em cubos pequenos.
2. No liqüidificador, bater os pepinos restantes até obter uma sopa lisa. Juntar a hortelã e o coentro, o xerez e o tabasco. Finalizar com os cubos de queijo de cabra, tomate e pepino.

PREPARO DO BORTSCH DE BETERRABA:

1. Lavar as beterrabas e levar para cozinhar com a pele por 1 hora.
2. Descascar e bater no liqüidificador. Juntar o caldo de frango e o vinagre e emulsionar* com o azeite. Acrescentar a maçã verde na hora de servir.

PREPARO DA AZEITONA MARINADA:

1. Colocar as azeitonas na água e lavar.
2. Numa frigideira, colocar um fio de azeite e dourar o alho com a casca. Colocar todos os ingredientes para marinar* por 4 dias, cobertos com o azeite.

MONTAGEM:

1. Servir os molhos em pequenas taças com os palitos de pão fritos e as azeitonas escorridas ao lado.

Les Entrées

Duo de Foie Gras et Cajou, l'un en Mille-Feuille, l'autre Poêlé

Duo de Foie Gras e Caju, um em Mil-Folhas e o outro Assado

Para o mil-folhas de caju com foie gras:
3g de açúcar
10g de sal
3g de anis-estrelado moído
4g de pimenta-do-reino branca em pó
3g de canela moída
4 cajus pequenos
1 peça de foie gras de aproximadamente 550g
100ml de manteiga clarificada
(ver receita na p. 151)

Para a ameixa de caju:
4 cajus
1 pau de canela de 5cm
1 anis-estrelado
1 semente de cardamomo
30g de açúcar cristal

Para a montagem:
4 fatias finas de pão integral
1 molho de rúcula

Utensílios necessários:
frigideira antiaderente, filme plástico, cortador

Rendimento:
4 porções

PREPARO DO MIL-FOLHAS DE CAJU COM FOIE GRAS:

1. Misturar o açúcar, o sal, o anis, a pimenta e a canela.
2. Cortar cada caju em 4 fatias e eliminar a fatia inferior (do lado do cabinho).
3. Cortar 4 fatias de foie gras de 70g e 8 fatias mais finas de aproximadamente 30g.
4. Colocar um frigideira antiaderente para aquecer com um fio de manteiga clarificada (aproximadamente 60g). Temperar o caju com 1/4 do mix de temperos (ver passo 1). Cozinhar ligeiramente o caju.
5. Aquecer outra frigideira, temperar as 8 fatias de foie gras (fatias de 30g) com o restante do mix de temperos e levar para cozinhar.
6. Sobre um filme plástico, montar os mil-folhas de caju: colocar no centro do filme plástico a menor fatia do caju. Arrumar por cima uma fatia de foie gras, outra fatia de caju, outra de foie gras, e finalizar com a fatia de caju que tem a castanha. Apertar bem o filme plástico e repetir a operação para cada mil-folhas. Deixar na geladeira por 12 horas.

PREPARO DA AMEIXA DE CAJU:

1. Descascar os cajus e espremê-los levemente.
2. Retirar 1cm do lado do cabinho. Levar ao fogo uma panela com os cajus numa só camada, acrescentar a canela, o anis, o cardamomo e polvilhar o açúcar por cima.
3. Levar ao fogo baixo para cozinhar e começar a caramelizar.★ Abaixar bem o fogo e continuar a cocção por 1 hora.
4. Deixar descansar até esfriar e repetir este processo 10 vezes, pingando água se necessário, até obter a cor de ameixa-preta.

MONTAGEM:

1. Com um cortador, cortar o pão de forma em rodelas de 4cm de diâmetro e 1,5cm de altura e dourar na torradeira ou no forno.
2. Na hora de servir, temperar as 4 fatias de foie gras de 70g reservadas com sal e pimenta e cozinhar na frigideira antiaderente quente.
3. De um lado de cada prato, colocar o mil-folhas de caju e, do outro lado, a torrada, uma fatia de ameixa de caju. Cobrir com uma folha de rúcula e a fatia de foie gras assada. Desenhar o prato com o caldo de ameixa de caju.

NOTA: A receita de ameixa de caju foi fornecida por Ana Ribeiro, minha subchef, grande conhecedora da cozinha brasileira.

Le Saint Honoré ~ 93

Effeuillé de Morue, Oeuf Poché et Croustillant de Banane

Bacalhau Desfiado, Ovo Pochê e Chips de Banana

Para o bacalhau:
1 litro de leite
250ml de creme de leite
1 anis-estrelado
1kg de lombo de bacalhau dessalgado*
1 litro de azeite
4 dentes de alho
1 bouquet garni*

Para o molho de ervas:
1/4 de molho de agrião
1/4 de molho de salsa
1/4 de molho de manjericão
150ml de azeite extravirgem
1 dente de alho picado

Para a marinada:*
1/2 pimentão vermelho
1/2 pimentão verde
10 azeitonas pretas
20 folhas de manjericão
100ml de azeite extravirgem

Para o ovo pochê:
1 1/2 litro de água
5ml de vinagre branco
4 ovos bem frescos

Para os chips de banana:
2 bananas-prata bem verdes
500ml de óleo de soja
sal a gosto

Para a montagem:
1 pitada de pimenta-do-reino preta quebrada
4 flores frescas (para decorar)

Utensílios necessários:
liqüidificador, tesoura, toalha de papel

Rendimento:
4 porções

94 — Le Saint Honoré

Preparo do bacalhau:
1. Numa panela, colocar o leite, o creme de leite e o anis-estrelado para ferver. Apagar o fogo, mergulhar o bacalhau e deixar de 20 a 30 minutos.
2. Durante esse período, colocar o azeite, o alho e o bouquet garni* para aquecer em fogo baixo (a temperatura estará boa se você conseguir pôr o dedo no azeite sem se queimar).
3. Retirar o bacalhau e colocar nessa panela por mais 20 minutos.

Preparo do molho de ervas:
1. Lavar e desfolhar os molhos de ervas.
2. Numa panela com água fervente e salgada, cozinhar as folhas por 20 segundos e resfriar na água gelada.
3. Secar as folhas e bater no liqüidificador com o azeite e o alho. Se a consistência do molho estiver grossa demais, acrescentar um pouco de água. Reservar.

Preparo da marinada:*
1. Descascar os pimentões e cortar em cubos pequenos.
2. Cortar as azeitonas do mesmo tamanho.
3. Picar as folhas de manjericão e misturar tudo com o azeite.

Preparo do ovo pochê:
1. Levar para ferver uma panela larga e baixa com água e vinagre.
2. Abrir os ovos colocando cada um num recipiente separado.
3. Abaixar o fogo e com um batedor, dar uma impulsão rotativa na água. Colocar com cuidado os ovos, um a um, no centro da panela, e deixar cozinhar por aproximadamente 2 minutos, a gosto.
4. Retirar os ovos com cuidado e colocar em recipiente com água gelada. Com uma tesoura, retirar o excesso de clara. Reservar.

Preparo dos chips de banana:
1. Descascar as bananas e fatiar, no sentido do comprimento, o mais fino que puder.
2. Numa panela, colocar o óleo para aquecer a 160°C.
3. Fritar as bananas até dourar. Retirar, secar em toalha de papel e polvilhar com sal.

Montagem:
1. Com uma colher de chá, separar as lascas do bacalhau. Colocar a marinada por cima e deixar marinar* por 10 minutos.
2. No centro de cada prato, arrumar as lascas de bacalhau, intercalar com os chips de banana e regar em volta com o molho de ervas.
3. Reaquecer os ovos por 20 segundos na água quente, secar em toalha de papel e dispor sobre o bacalhau.
4. Finalizar com a pimenta e, por cima, pétalas de flores e ervas.

Tranche de Foie Gras de Canard Rôti, Ananas Confit aux Poivres

Escalope de Foie Gras Assado, Abacaxi Confit com Pimentas

Para o foie gras assado:
600g de fígado de foie gras
sal, pimenta e noz-moscada a gosto

Para a compota de abacaxi:
1 abacaxi descascado e cortado em cubos
4g de pimenta-da-jamaica
4g de pimenta-de-sichuan

Para o molho de ervas:
50g de folhas de salsa
50g de folhas de manjericão
50g de folhas de hortelã
caldo da compota de abacaxi

Para o molho de iogurte:
2g de pimenta-de-sichuan moída
1 copo de iogurte natural

Utensílios necessários:
frigideira antiaderente, toalha de papel, recipiente de inox, filme plástico, coador, liqüidificador

Rendimento:
4 porções

Preparo do foie gras:
1. Cortar o foie gras em 4 pedaços de 120g a 130g e reservar.
2. Na hora de servir, numa frigideira antiaderente, assar as fatias de foie gras, previamente temperadas. Cuidado com a cocção do foie gras. Para obter o ponto certo, introduzir na parte mais grossa uma agulha, e leve ao lábio para verificar se está quente.
3. Escorrer as fatias em toalha de papel.

Preparo da compota de abacaxi:
1. Num recipiente de inox, juntar os cubos de abacaxi e as pimentas e cobrir hermeticamente com filme plástico.
2. Levar uma panela com água ao fogo para aquecer. Não deixar ferver. Colocar o recipiente na boca da panela e deixar o abacaxi cozinhar lentamente. Também pode ser cozido no forno a vapor a 60°C por 2 horas.

Preparo do molho de ervas:
1. Mergulhar as folhas por 5 segundos em água fervente.
2. Coar e resfriar com gelo.
3. Bater no liqüidificador com um pouco de caldo de abacaxi até obter a consistência de purê.

Preparo do molho de iogurte:
1. Misturar a pimenta no iogurte.

Montagem:
1. Regar cada prato com um fio de molho de iogurte, desenhando círculos.
2. Colocar duas colheradas de compota de abacaxi e uma fatia de foie gras ao lado.
3. Regar com um pouco de molho de ervas.

Langoustines Roses, Couscous Cru de Palmier au Parfum du Sertão

*Lagostins Rosas,
Cuscuz Cru de Pupunha
ao Perfume do Sertão*

Para os lagostins:
2,2kg de lagostins (12 unidades)
sal e pimenta-do-reino a gosto
4 cebolinhas para amarrar

Para o molho nordestino:
50ml de azeite
200g de mirepoix★ (cenoura, cebola, alho, alho-poró, funcho cortados em cubos)
20ml de conhaque
1 colher de sopa de massa de tomate
30ml de vinho branco
2 tomates cortados em 4
10 folhas de alfavaca
2 folhas de chicória-do-norte
1 ramo de jambu
água suficiente para cobrir os ingredientes
1 pimenta-de-cheiro
100ml de tucupi
2 gemas batidas

Para o vinagrete:
1 filé de alici
200ml de azeite de nozes
50ml de vinagre de xerez
1/2 dente de alho picado

Para o cuscuz de pupunha:
500g de pupunha
vinagrete para temperar

Para a salada de ervas:
1 xícara de folhas de chicória frisé (a parte branca)
1 xícara de folhas de agrião
1 xícara de folhas de alfavaca
pétalas de flores
1/2 xícara de brotos (alfafa, mostarda, trevo)

Utensílios necessários:
palitos longos para churrasco, coador, pão-duro ou colher de pau para mexer, mandolim★ ou faca afiada, 4 pratos fundos, mixer

Rendimento:
4 porções

Preparo dos lagostins:
1. Retirar as cabeças e a casca dos lagostins. Retirar com cuidado o intestino. Reservar as caudas.
2. Espetar os lagostins com palito de churrasco, temperar com sal e pimenta e reservar.
3. Na hora de servir, grelhar com cuidado na frigideira.

Preparo do molho nordestino:
1. Levar uma panela ao fogo com o azeite e dourar as carapaças.
2. Juntar a guarnição cortada em mirepoix★ e cozinhar mais 3 a 4 minutos. Flambar★ com o conhaque.
3. Juntar a massa de tomate, deixar cozinhar mais um pouco, acrescentar o vinho e raspar bem o fundo da panela. Reduzir★ à metade e juntar os tomates, a alfavaca, a chicória-do-norte e o jambu. Cobrir com água, colocar a pimenta-de-cheiro e deixar cozinhar lentamente, por 45 minutos, retirando a espuma sempre que precisar. Coar e resfriar.
4. Misturar 300ml do caldo de lagostins frio com o tucupi. Adicionar as gemas e levar tudo para cozinhar, mexendo sempre com um pão-duro ou colher de pau, da mesma forma que para um creme inglês (sem deixar ferver). Resfriar rapidamente e reservar.

Preparo do vinagrete:
1. Derreter o alici em 1 colher de sopa de azeite.
2. Adicionar o restante dos ingredientes e misturar tudo.

Preparo do cuscuz de pupunha:
1. Com a ajuda de um mandolim★ ou de uma faca afiada, fatiar e cortar as pupunhas em cubos de 1mm.
2. Na hora de servir, temperar com o vinagrete.

Preparo da salada de ervas:
1. Limpar e lavar as folhas e reservar.

Montagem:
1. No centro de um prato fundo, dispor o cuscuz utilizando uma forma e colocar por cima a saladinha de ervas.
2. Amarrar, 3 a 3, os palitos de lagostins grelhados com uma cebolinha e arrumá-los no prato.
3. Emulsionar* o molho nordestino com um mixer e regar em volta do cuscuz.

Nota: A idéia de utilizar o tucupi como base na cozinha vem do chef e amigo Alex Atala.

Pissaladière Croustillante de Champignon, Vinaigrette de Cèpes

Pissaladière Crocante de Champignons, Vinagrete de Cèpes

Para a massa:
100ml de manteiga clarificada
    (ver receita na p. 151)
4 folhas de massa filo**
50g de parmesão ralado

Para a guarnição:
2 cebolas fatiadas finamente
50ml de azeite
2 filés de alici
1 ramo de tomilho
1 litro de água
12g de sal
8g de açúcar
100g de cepes ou cogumelos porcini congelados
50ml de azeite

Para o vinagrete:
20ml de molho de soja
20ml de vinagre de arroz
10ml de molho de ostras
100ml de saquê
30ml de caldo de carne
    (ver receita na p. 153)
15g de maisena
20g de cepes cortados em cubos
1 ramo de cebolinha verde picada
10 buquês de mini-agrião

Utensílios necessários:
pincel, 2 frigideiras antiaderentes

Rendimento:
4 porções

**Encontra-se em empórios de produtos árabes.

Preparo da massa:
1. Pincelar com manteiga clarificada uma folha de massa filo.
2. Salpicar o parmesão ralado e cobrir com uma outra folha de filo. Repetir a operação duas vezes.
3. Levar ao forno a 180°C até dourar. Reservar.

Preparo da guarnição:
1. Numa panela, cozinhar as cebolas lentamente com o azeite, o alici e o tomilho, por 30 minutos, até que as cebolas fiquem macias. Reservar.
2. Levar uma panela com água, sal e açúcar para ferver.
3. Adicionar os cepes ou porcinis congelados e deixar cozinhar por 5 minutos.
4. Escorrer e colocar sob um peso, prensando-os para eliminar o excesso de água.
5. Fatiar e dourar em frigideira antiaderente com o azeite.

Preparo do vinagrete:
1. Num recipiente, misturar todos os ingredientes líquidos.
2. Aquecer o vinagrete, misturar a maisena com 2 colheres de água fria, e incorporá-la até engrossar o vinagrete.
3. Reservar os cubos de cepes, a cebolinha e o mini-agrião para a hora de servir.

Montagem:
1. Cobrir a massa filo crocante com uma camada de cebola e, por cima, dispor uma camada de cepes.
2. Fatiar a pissaladière e levar ao forno para aquecer por 5 minutos.
3. Numa frigideira, dourar os cubos de cepes e juntar ao vinagrete.
4. No centro de cada prato, colocar a pissaladière. Em volta, servir o vinagrete. Salpicar com cebolinha verde e o mini-agrião.

Salade de Crevettes et Légumes Croquants au Vinaigre d'Açai

Salada de Camarões e Legumes Crocantes ao Vinagre de Açaí

Para os camarões:
12 camarões VG
60ml de azeite para fritar

Para o vinagre e a espuma de açaí:
350ml de vinagre de vinho branco
700g de polpa de açaí
250ml de conhaque
120g de açúcar
2 colheres de café de lecitina de soja
sal e pimenta-do-reino a gosto

Para o vinagrete de açaí:
1 colher de sopa de vinagre de açaí
sal e pimenta-do-reino a gosto
100ml de azeite extravirgem

Para os legumes crocantes:
4 minicenouras
50g de vagem
4 aspargos
30g de favas
2 mini-abobrinhas
4 mininabos
1 colher de sopa de vinagrete de açaí
sal e pimenta-do-reino a gosto

Para decorar:
10 folhas variadas limpas e lavadas
4 flores de borragem
4 minirrosas

Utensílios necessários:
pano fino para coar, garrafa, mixer

Rendimento:
4 porções

Preparo dos camarões:
1. Descascar e limpar os camarões. Reservar.
2. Na hora de servir, fritar no azeite.

Preparo do vinagre e da espuma de açaí:
1. Numa panela, misturar o vinagre, a polpa de açaí, o conhaque e o açúcar e levar para cozinhar em banho-maria★ por 1 hora. O banho-maria deve ferver, vagarosamente, e a temperatura do vinagre deve se manter em torno de 90ºC.
2. Coar em um pano fino e colocar numa garrafa.
3. Para a espuma de açaí, misturar 200ml do vinagre de açaí com a lecitina de soja. Temperar com sal e pimenta e emulsionar★ com o mixer.

Preparo do vinagrete de açaí:
1. Num recipiente, misturar com o batedor o açaí com sal e pimenta. Acrescentar pouco a pouco o azeite.

Preparo dos legumes crocantes:
1. Descascar, tornear★ e cozinhar as cenouras.
2. Limpar e cozinhar as vagens.
3. Descascar e cozinhar os aspargos e as favas.
4. Fatiar as mini-abobrinhas cruas e reservar.
5. Na hora de servir, misturar os legumes crocantes (é o ponto de cozimento: al dente★) e levar para marinar★ por 4 minutos com o vinagrete de açaí, sal e pimenta.

Montagem:
1. Temperar as folhas variadas e misturá-las com algumas flores. Arrumar no centro do prato, e dispor os camarões e os legumes crocantes em volta.
2. Regar com a espuma de açaí e finalizar com o restante das flores.

Le Saint Honoré 103

Soupe de Grenouille et Herbes Tendres

Sopa de Rãs e Ervas Suaves

750g de pernas de rãs
120ml de azeite
40g de manteiga
1 talo de aipo cortado em cubos
1 cebola cortada em cubos
12 dentes de alho sem os germes
200ml de vinho branco
1 1/2 litro de caldo de frango claro
    (ver receita na p. 152)
1 molho de agrião (só as folhas)
1 molho de salsa (só as folhas)
1 molho de rúcula (só as folhas)
250ml de creme de leite

Utensílios necessários:
escorredor, liqüidificador, coador, pratos fundos

Rendimentos:
4 porções

Preparo:

1. Desossar★ as pernas de rãs separando e reservando as coxas.
2. Numa panela colocar a metade do azeite e 1 colher de sopa de manteiga. Fazer suar★ as pernas (sem as coxas) sem escurecê-las, juntar o aipo, a cebola e 7 dentes de alho. Cozinhar devagar por 5 minutos e adicionar o vinho.
3. Quando reduzir★ à metade, acrescentar o caldo de frango e cozinhar por 30 minutos.
4. Numa panela com água quente, cozinhar as ervas por 2 minutos e resfriar rapidamente em água gelada. Escorrer bem e levar para cozinhar por 3 minutos com a base da sopa de rãs.
5. No liqüidificador, bater a sopa, incluindo as pernas, e coar em seguida.
6. Em outra panela, cozinhar 5 dentes de alho com o creme de leite e deixar reduzir por 2 minutos. Retirar os dentes de alho e reservar.
7. Numa frigideira, fritar as coxas com a metade restante do azeite e deixar cozinhar por 1 minuto. Reservar.

Montagem:

1. Em cada prato, arrumar as coxas de rãs e regar a sopa por cima.
2. Adicionar um fio do creme reduzido.

Surubim Fumé et Écrevisse Pitu en Tartare, Sauce Vierge et Noix de Cajou

Surubim Defumado e Camarão Pitu en Tartare, Molho Virgem e Castanha de Caju

Para o rolo de surubim e pitu:
500g de surubim defumado
600g de pitu
50ml de azeite extravirgem
sal e pimenta-do-reino a gosto

Para a marinada:*
1 pimentão vermelho
1 pimentão verde
1 pimenta dedo-de-moça
1 cebola roxa pequena
sal e pimenta-do-reino a gosto
100ml de azeite
suco de 2 limões
1 dente de alho picado

Para o molho vierge:
1/2 pimentão (vermelho, amarelo e verde)
1 pepino pequeno
2 tomates
2 limões
150ml de azeite extravirgem
salsinha picada

Para a farofa de castanha de caju:
100g de castanha de caju sem sal
1 colher de sopa de manteiga

Para a montagem:
farinha de castanha de caju
1 caixa de broto de alfafa cru
azeite perfumado (de jambu, de urucum etc.)
– opcional

Utensílios necessários:
filme plástico, liqüidificador, moedor

Rendimento:
4 porções

Preparo do rolo de surubim e pitu:
1. Fatiar, finamente, o surubim no sentido do comprimento. Reservar.
2. Descascar os pitus e cortar em cubos. Temperar com azeite, sal e pimenta.
3. Em uma panela, cozinhar os pitus ligeiramente nesse tempero por 2 minutos.
4. Sobre uma folha de filme plástico, arrumar as fatias de surubim e colocar no centro o tartar* de pitu, enrolando para formar um cilindro. Deixar descansar na geladeira.

Preparo da marinada:
1. Descascar os pimentões, cortá-los em 2, no sentido do comprimento, e fatiar em finos cubos.
2. Retirar as sementes da pimenta e cortar em cubos. Cortar a cebola da mesma maneira.
3. Juntar todos os ingredientes e adicionar o suco de limão e o alho. Reservar. A marinada deve ser forte.

Preparo do molho vierge:
1. Cortar todos os legumes e os limões em pequenos cubos, adicionar o azeite extravirgem e a salsinha.

Preparo da farofa de castanha de caju:
1. Bater as castanhas de caju no liqüidificador até virar uma farinha.
2. Levar ao fogo com a manteiga para dourar.

Montagem:
1. Cortar o rolo de surubim em cilindros de 2cm de largura. Empanar* com a marinada.
2. Arrumar os rolos em cada prato e servir ao lado o molho vierge, a farofa de castanha de caju e o broto de alfafa cru.
3. Desenhar o fundo do prato com os azeites perfumados.

Le Saint Honoré

Les Suites

Cigale de Mer, Royale de Foie Gras en Capuccino de Cèpes

Cavaquinha Assada, Royale de Foie Gras em Capuccino de Cepes

4 caudas de cavaquinha limpa de 300g cada uma

Para o flã de foie gras:
100g de foie gras
150g de creme de leite
1 ovo
sal a gosto
pimenta-do-reino branca a gosto
curry a gosto

Para o capuccino de cepes:
8 cepes congelados
1/2 cebola
50ml de azeite
1 ramo de tomilho
1 dente de alho sem germe
50ml de vinho branco
250ml de caldo de frango escuro
 (ver receita na p. 153)
sal e pimenta-do-reino a gosto
100ml de creme de leite batido

Para o molho de alface:
50ml de azeite
10g de manteiga
1 alface lisa lavada
1 cebola picada
1 ramo de aipo picado
1 pedaço de 5cm de alho-poró picado
1 dente de alho inteiro sem germe
250ml de caldo de peixe
 (ver receita na p. 152)

Para o tomate confit:
1 tomate cortado em 4 sem sementes
sal, açúcar e pimenta-do-reino a gosto
folhas de tomilho a gosto
10ml de azeite

Para os minilegumes:
4 minicenouras
4 mini-rabanetes
4 mini-abobrinhas
manteiga clarificada (ver receita na p. 151)
4 pétalas de tomate confit
tomilho a gosto

Utensílios necessários:
liqüidificador, coador, tabuleiro, frigideira, ramequim*

Rendimento:
4 porções

Preparo do flã de foie gras:
1. No liqüidificador, bater o foie gras com o creme de leite, o ovo, o sal, a pimenta e o curry. Coar.
2. Colocar em um ramequim* de porcelana e assar em banho-maria,* no forno aquecido a 130°C, durante 20 a 30 minutos.
3. Retirar do forno e reservar.

Preparo do capuccino de cepes:
1. Levar os cepes congelados para ferver em uma panela com água. Retirar e colocar para escorrer com um peso em cima.
2. Fatiar reservando as fatias mais bonitas para decoração.
3. Cortar a cebola e refogar com azeite, tomilho e alho. Juntar as aparas dos cepes e cozinhar, lentamente, por 5 minutos em fogo baixo.
4. Deglaçar* com o vinho branco e deixar reduzir,* juntar o caldo de frango e cozinhar por 10 minutos.
5. Bater no liqüidificador e coar. Temperar com sal e pimenta e reservar.
6. Na hora de servir, acrescentar o creme de leite e emulsionar.*

Preparo do molho de alface:
1. Preparar a guarnição aromática.
2. Deglaçar com o caldo de peixe e deixar cozinhar.
3. Juntar a alface refogada, cozinhar por mais 3 minutos e bater no liqüidificador. Coar e temperar com sal e pimenta. Resfriar e reservar.

Preparo do tomate confit:
1. Temperar o tomate com o sal, o açúcar, a pimenta e o tomilho.
2. Colocar num tabuleiro, regar com azeite e levar ao forno (100°C) por 4 horas, virando os pedaços a cada 30 minutos.

Obs.: Você pode preparar esta receita em maior quantidade e conservar na geladeira.

Preparo dos minilegumes:
1. Descascar e tornear★ os minilegumes; cozinhar a gosto.
2. Numa frigideira, caramelizar★ as fatias de cepes, reservadas no preparo do capuccino, com a manteiga clarificada.

Montagem:
1. Colocar um fio de azeite na frigideira e fritar as cavaquinhas, com cuidado para não cozinhar demais.
2. Aquecer o flã de foie gras em banho-maria.
3. Em cada prato, colocar a cavaquinha fatiada e o flã. Dispor a espuma de capuccino de cepes por cima do flã e ao lado da cavaquinha. Arrumar os minilegumes previamente aquecidos em volta e regar a espuma ao lado da cavaquinha com um fio de molho de alface quente.

Le Saint Honoré

Coquilles Saint Jacques sur un Blinis de Potiron et Caviar, Sauce au Macis

Vieiras sobre Blinis de Abóbora e Caviar, Molho de Macis

12 vieiras grandes cortadas em fatias
20g de caviar

Para a guarnição:
1 abobrinha italiana cortada em rodelas finas
1 cenoura descascada e cortada em rodelas finas

Para a gallette:
210g de abóbora descascada e cortada em pedaços grandes
50ml de azeite
sal a gosto
tomilho a gosto
22g de farinha de trigo
1 ovo
1 clara
20ml de creme de leite
10ml de suco de laranja
pimenta-do-reino e noz-moscada a gosto

Para o fondue de cebola:
2cm de gengibre ralado
1 colher de café de coentro em grão
30ml de azeite
3 cebolas cortadas em cubos pequenos
1 colher de sopa de açúcar mascavo
folhas de manjericão cortadas bem fininho

Para o molho:
500ml de suco de laranja
50g de cebola picada
10g de macis*
50ml de azeite
500ml de caldo de peixe (ver receita na p. 152)

Utensílios necessários:
papel-alumínio, peneira, pano fino para coar, coador, frigideira pequena (8cm de diâmetro), forma refratária

Rendimento:
4 porções

Preparo da guarnição:
1. Levar uma panela com água salgada para ferver. Cozinhar a abobrinha e a cenoura separadamente, al dente.*
2. Resfriar na água gelada.

Preparo da galette:
1. Temperar os pedaços de abóbora com um fio de azeite, sal, tomilho e embrulhar cada pedaço em papel-alumínio. Levar ao forno para assar.
2. Quando estiver cozida, passar na peneira. Se a abóbora tiver muita água, colocá-la em um pano e deixar escorrer.
3. Incorporar, pouco a pouco, a farinha, o ovo, a clara, o creme de leite e o suco de laranja.
4. Temperar com sal, pimenta e noz-moscada.
5. Colocar um pouco de manteiga clarificada e 2 colheres de sopa da massa de galette na frigideira e deixar cozinhar por 3 minutos de cada lado.

Preparo do fondue de cebola:
1. Refogar as especiarias (gengibre e coentro) com azeite. Juntar a cebola e cozinhar bem devagar.
2. Quando as cebolas estiverem cozidas, adicionar o açúcar e cozinhar de novo. Juntar o manjericão.

Preparo do molho:
1. Coar o suco de laranja e levar ao fogo em uma panela para reduzir* à metade.
2. Refogar as cebolas e o macis* com um pouco de azeite.
3. Deglaçar* com o suco e adicionar o caldo de peixe. Reduzir.

Montagem:
1. Em uma forma refratária, colocar as galettes e cobrir com o fondue de cebola.
2. Colocar as vieiras em cima do fondue de cebola, intercalando-as com as cenouras e abobrinhas. Levar ao forno por 3 minutos.
3. No centro de cada prato, dispor a galette, regar em volta com o molho e finalizar com o caviar no centro da galette.

Le Saint Honoré

Filet de Bar, Ravioles d'Artichauts, Jus de Poule Parfumé aux Amandes et Citron Confit

Filé de Robalo, Raviólis de Alcachofra, Caldo de Frango Perfumado com Amêndoas e Limão-Siciliano Confit

Para o ravióli de alcachofras:
150g de farinha de trigo
2 ovos
1 pitada de sal
25ml de azeite
500ml de água
1 casca de laranja
1 colher de café de coentro em grão
1 aipo cortado em cubos
1 gema
200g de alcachofra

Para o fricassé de cogumelos:
250g de shiitake
40ml de azeite
1 dente de alho picado sem o germe
folhas de um galho de salsa picadas

Para o limão-siciliano confit:
4 limões-siciliano
500g de sal fino
500g de sal grosso
água
xarope 1 (345ml de água, 240g de açúcar)
xarope 2 (345ml de água, 295g de açúcar)
xarope 3 (345ml de água, 345g de açúcar)

Para o molho de frango perfumado com amêndoas:
40ml de azeite
10g de manteiga
250g de asas de frango
50ml de vinho branco
100g de guarnição aromática em mirepoix*
1 litro de caldo de frango claro ou escuro
(ver receita nas páginas 152 ou 153)
100g de amêndoas sem pele

Para o filé de robalo:
1,5kg de robalo
sal e pimenta-do-reino a gosto
40ml de azeite

Utensílios necessários:
processador de alimentos, peneira, rolo de massa, coador, 2 cortadores redondos de tamanhos diferentes

Rendimento:
4 porções

Preparo do ravióli:

1. Misturar no processador, a farinha com os ovos, o sal, e incorporar o azeite.
2. Reservar e deixar descansar por 1 hora.
3. Levar ao fogo uma panela com a água, a casca de laranja, o coentro, o aipo e deixar ferver.
4. Juntar as alcachofras. Quando estiverem cozidas, retirar, passar pelo processador e depois pela peneira.
5. Colocar um pouco de farinha sobre a superfície em que for esticar a massa. Com o rolo, abrir a massa em duas bandas de 15cm x 30cm, o mais fino que puder. Pincelar com a gema a superfície de uma das bandas e distribuir o recheio de alcachofras com 1 colher de chá, intercalando com uma distância de 4cm.
6. Colocar a outra banda de massa por cima e, com o cortador, pressionar em torno do recheio, para dar a forma de ravióli. Com o cortador maior, cortar os 12 raviólis. Reservar.
7. Na hora de servir, levar uma panela com água e sal para ferver e cozinhar os raviólis por 3 minutos.

Preparo do fricassé de cogumelos:

1. Cortar o shiitake em finas lâminas.
2. Na hora de servir, saltear* as lâminas de shiitake numa frigideira com azeite e alho. Quando estiver pronto, salpicar a salsinha.

Preparo do limão-siciliano confit:

1. Fazer 4 incisões nos limões, pôr 1 colher de chá de sal fino dentro de cada um e colocar os limões num recipiente com água até cobrir e, para cada 4 limões, 1 colher de sopa de sal grosso.

Le Saint Honoré

2. Todos os dias, trocar a água e repetir a operação acima, por 3 semanas.
3. Escorrer a última água, colocar os limões numa panela e cobrir com o xarope 1 frio, e levar para ferver. No segundo dia, retirar o xarope 1 e colocar o xarope 2 frio. Levar para ferver. No terceiro dia, repetir a operação com o xarope 3. Reservar por 24 horas.

Obs.: Esta receita pode ser preparada em quantidade maior, por causa da demora no modo de fazer. Pode ser conservada no xarope, em vidro esterilizado, por 1 semana, na geladeira.

Preparo do molho de frango perfumado com amêndoas:
1. Numa panela, aquecer o azeite e a manteiga para dourar as asas de frango.
2. Juntar o mirepoix e deixar cozinhar lentamente.
3. Deglaçar★ com o vinho branco e deixar reduzir.★
4. Acrescentar o caldo de frango e deixar cozinhar por 1 hora. Coar e levar novamente ao fogo com as amêndoas.
5. Reduzir até obter consistência de molho.

Preparo do filé de robalo:
1. Limpar o peixe sem tirar a pele. Cortar em 4 porções. Temperar com sal e pimenta.
2. Aquecer uma frigideira com azeite e fritar os filés começando pelo lado da pele. Quando a pele estiver dourada, virar.

Montagem:
1. Aquecer o molho de frango e juntar os cubos de limão confit.
2. No centro do prato, servir 1 colher de sopa de fricassé de cogumelos e dispor o filé de robalo em cima.
3. Colocar 3 raviólis em volta e regar com o molho de frango.

Le Saint Honoré

Filet de Sole en Croûte de Carne-Seca, Purée Crémeuse de Potiron

Filé de Linguado em Crosta de Carne-Seca, Purê Cremoso de Abóbora

Para o filé de linguado:
2 linguados de 800g cada um
40g de manteiga
sal e pimenta-do-reino a gosto
ramos de tomilho

Para a crosta de carne-seca:
60g de carne-seca cozida e cortada em cubos
1 dente de alho sem germe
60g de farinha de rosca
35g de queijo parmesão ralado
50g de manteiga sem sal
pimenta-do-reino a gosto

Para o purê de abóbora:
400g de abóbora descascada e cortada
300ml de creme de leite
1 colher de café de curry
1 colher de sopa de manteiga
sal a gosto

Para o ragout de feijão:
40g de 4 diferentes tipos de feijão (vermelho, verde, preto e branco) no total
500ml de caldo de frango claro ou escuro (ver receita nas páginas 152 ou 153)
4 dentes de alho
4 bouquets garnis*
200g de bacon
1 colher de sopa de molho de soja
1 colher de café de vinagre de xerez
30g de favas
1 colher de sopa de manteiga
60g de magret de pato defumado em cubos

Utensílios necessários:
filme plástico, pincel, moedor, papel-manteiga, rolo de massa, moinho de legumes ou espremedor de batata, peneira, liqüidificador, coador, mixer

Rendimento:
4 porções

Preparo do filé de linguado:
1. Retirar os 4 filetes de cada linguado e colocar sobre o filme plástico.
2. Pincelar com manteiga, sal e pimenta. Cobrir um filé com outro filé, e colocar por cima um ramo de tomilho.
3. Enrolar, dois a dois, com o filme plástico.
4. Na hora de servir, cozinhar por 3 a 4 minutos, em água quente.

Preparo da crosta de carne-seca:
1. Moer a carne-seca com o alho.
2. Num recipiente, misturar a carne-seca moída com a farinha, o queijo e a manteiga.
3. Colocar essa mistura entre 2 folhas de papel-manteiga e esticar com o rolo, para dar a forma de uma folha com 1cm de altura. Reservar na geladeira ou no freezer.

Preparo do purê de abóbora:
1. Enrolar a abóbora em papel-alumínio, com um fio de azeite e levar ao forno a 160°C por aproximadamente 20 minutos.
2. Depois de cozida, passar pelo moinho de legumes (ou espremedor de batata) e pela peneira.
3. Na hora de servir, ferver o creme de leite com o curry, misturar com o purê de abóbora até dar uma consistência cremosa.
4. Finalizar com a manteiga e temperar com sal.

Preparo do ragout de feijão:
1. Colocar os feijões de molho em recipientes separados por 4 horas.
2. Cozinhar em fogo baixo, em panelas separadas, com o caldo de frango, acrescentando o alho, os bouquets e o bacon, sem deixar ferver.
3. Quando os feijões estiverem cozidos, coar, retirar o alho, os bouquets e o bacon. Coar, reservando, separadamente, os grãos e o caldo.
4. Ao caldo dos feijões, acrescentar o molho de soja, o vinagre e bater no liqüidificador. Coar e reservar.
5. Numa panela de água fervente e salgada, mergulhar as favas por 1 minuto e resfriar na água gelada. Retirar as cascas.
6. Na hora de servir: numa frigideira, colocar a manteiga, os cubos de magret de pato e os grãos dos feijões. Adicionar 3 colheres do caldo de feijões. Juntar as favas e deixar reduzir* um pouco o molho.

MONTAGEM:
1. Cortar um pedaço de crosta de carne-seca e dispor sobre cada linguado, do tamanho de seu comprimento. Gratinar no forno ou na salamandra.
2. Em um prato, arrumar o filé de peixe e o ragout de feijão.
3. Com o mixer, emulsionar★ o caldo dos feijões e colocá-lo no prato.
4. Colocar o purê de abóbora numa taça e servir ao lado, no prato.

Caille Rôtie, Cuisses Confites en Cannellonis d'Aubergine, Farofa à la Noisette

Codorna Assada, Canelone de Berinjela, Farofa de Avelã

Para as codornas:
4 codornas
1 colher de chá de sal grosso
200g de gordura de pato
100g de guarnição aromática*

Para o molho:
50ml de azeite
aparas de codorna (asa, pescoço e clavícula)
200g de cebola cortada em cubos
200g de cenoura em mirepoix*
100g de aparas de cogumelos
7 dentes de alho sem germe amassados
50ml de vinho branco
50ml de vinho do Porto
500ml de caldo de frango escuro (ver receita na p. 153)
tomilho e alecrim a gosto
50g de manteiga

Para a guarnição de batata confit:
100g de manteiga
2 batatas-inglesas grandes, descascadas e cortadas em rodelas de 2cm de altura e 5cm de diâmetro
4 dentes de alho sem germe
4 colheres de sopa de água filtrada
1 colher de chá de sal grosso
12 minicenouras

Para o canelone de berinjela:
2 berinjelas com casca, cortadas em fatias de 0,5cm no sentido do comprimento
1 colher de sopa de azeite
1 colher de pesto (ver receita na p. 152)
4 pétalas de tomate seco cortado em cubos
8 conchas de confit de codorna

Para a farofa de avelã:
25g de manteiga
50g de cebola batida no liqüidificador
200g de farinha de avelã
80g de Neston

Utensílios necessários:
tesoura, cortador, grill ou frigideira antiaderente, pincel

Rendimento:
4 porções

Preparo das codornas:
1. Cortar as asas, retirar a clavícula e as coxas das codornas. Reservar.
2. Colocar as coxas por 5 minutos no sal grosso.
3. Lavar em água corrente e mergulhar na gordura de pato com a guarnição aromática.
4. Levar ao forno a 100°C por 1 hora dentro dessa gordura (confit). Reservar.

Preparo do molho:
1. Levar ao fogo uma panela com azeite, as aparas de codorna, juntar a cebola, a cenoura, as aparas de cogumelos e o alho.
2. Juntar o vinho branco e o Porto e deixar reduzir.★
3. Adicionar o caldo de codorna, o tomilho e o alecrim e cozinhar por 30 minutos. Coar, e na hora de servir, finalizar com a manteiga.

Preparo da guarnição de batata confit:
1. Numa panela baixa e de fundo grosso, colocar a manteiga e arrumar as batatas e o alho.
2. Juntar a água filtrada com o sal grosso e levar para cozinhar em fogo alto.
3. Quando as batatas começarem a dourar, retirar a panela do fogo e deixar esfriar. Virar as batatas e voltar à cocção no fogo.
4. Descascar e tornear★ as minicenouras e levar para cozinhar.

Preparo do canelone de berinjela:
1. Grelhar as fatias de berinjela no grill ou frigideira antiaderente com o azeite.
2. Arrumar as fatias numa bandeja, pincelar com o pesto e colocar o tomate seco e o confit de codorna desfiado grosseiramente. Enrolar as fatias de berinjela formando os canelones. Reservar.

Preparo da farofa de avelã:

1. Numa panela, colocar a manteiga e juntar o purê de cebola. Deixar cozinhar.
2. Quando a água da cebola tiver evaporado, colocar a avelã e cozinhar por mais 4 minutos. Finalizar juntando o Neston.

Montagem:

1. Numa frigideira, colocar um fio de azeite e 1 colher de manteiga e assar as codornas de todos os lados, deixando a carne rosada. Deixar descansar por 5 minutos.
2. Nesse intervalo, aquecer a guarnição de batata confit, o canelone de berinjela, a cenoura com rama e a farofa de avelã.
3. Desossar* as codornas, mantendo a sua forma.
4. No prato, colocar a guarnição de batata confit e a codorna em cima. Arrumar o canelone de berinjela, em volta, e por cima, as cenouras. Regar a codorna com o molho e servir a farofa de avelãs ao lado ou à parte.

Suprême de Pintadeau, Lentilles Vertes du Puy, Gratin de Cristophine, Sauce à l'Ail Ciboulette

Supremo de Galinha-d'Angola, Lentilhas Verdes de Puy, Gratin de Chuchu, Molho ao Alho Verde

Para a lentilha:
150g de lentilha verde du Puy
1 litro de caldo de frango claro
   (ver receita na p. 152)
1 bouquet garni*
1 cebola picada
50g de peito de pato defumado cortado em cubos
20g de manteiga
1 colher de sobremesa de salsa picada
1/2 dente de alho picadinho

Para o gratin de chuchu:
1 colher de chá de sal
2 cebolas picadas
750g de chuchu descascado e cortado em fatias finas
400ml de creme de leite
100ml de leite
4 dentes de alho
1/2 colher de café de noz-moscada ralada
manteiga para untar

Para o molho de chuchu:
100g + 30g de manteiga à temperatura ambiente
200g de chuchu descascado e cortado em cubos pequenos
250ml de caldo de frango claro
   (ver receita na p. 152)
50g de alho-ciboulette ou alho-japonês

Para a galinha-d'angola:
4 peitos de galinha-d'angola
sal e pimenta-do-reino a gosto
10ml de azeite extravirgem
10g de manteiga

Para a decoração:
4 ramos de alho-ciboulette ou alho-japonês
30ml de manteiga clarificada
   (ver receita na p. 151)

Utensílios necessários:
filme plástico, 4 tabuleiros retangulares, liqüidificador, coador, papel-manteiga, cortador, pincel

Rendimento:
4 porções

Preparo da lentilha:
1. Colocar as lentilhas numa panela, cobrir com água fria e levar ao fogo até ferver.
2. Escorrer a água, adicionar o caldo de frango e o bouquet garni.* Levar novamente ao fogo para cozinhar por aproximadamente 20 minutos, sem deixar ferver.
3. Na hora de servir, refogar a cebola e o peito de pato na manteiga e, depois, adicionar as lentilhas com um pouco do seu caldo. No final, colocar a salsa e o alho.

Preparo do gratin de chuchu:
1. Salpicar o sal sobre as fatias de chuchu e deixar descansar por 10 minutos.
2. Levar ao fogo uma panela com o creme de leite, o leite, a cebola e o alho, para reduzir.*
3. Escorrer o chuchu e misturá-lo nesse creme, adicionando a noz-moscada.
4. Colocar essa mistura num tabuleiro retangular untado e levar ao forno a 130°C por 40 minutos.

Preparo do molho de chuchu:
1. Em uma panela com 1 colher de sopa de manteiga, suar* o chuchu.
2. Cobrir com o caldo de frango e deixar cozinhar lentamente. Bater no liqüidificador e coar.
3. Picar o alho-ciboulette e misturar com a manteiga, até obter uma manteiga bem verde e perfumada.

120 ~ Le Saint Honoré

Montagem:

1. Na hora de servir, temperar a galinha-d'angola. Aquecer uma frigideira com o azeite e fritar os peitos começando pela parte com pele. Deixar cozinhar lentamente.
2. Enquanto isso, cortar o gratin de chuchu e aquecer no forno.
3. Aquecer o molho de chuchu e incorporar, pouco a pouco, a manteiga de alho-ciboulette.
4. No canto de cada prato, colocar 1 colher de molho de chuchu perfumado com manteiga de alho-ciboulette e, por cima do molho, a lentilha, sobrepondo o gratin de chuchu.
5. Cortar os peitos da galinha-d'angola em três grossas fatias e dispor ao lado, entremeado por um ramo de alho-ciboulette fresco.

Le Saint Honoré

Picanha d'Agneau, Beignets de Maïs, Jus de Tomate Épicé

Picanha de Cordeiro, Beignets de Milho, Molho de Tomate Temperado

Para o molho de tomate temperado:
500g de tomate
70g de açúcar
2 colheres de massa de tomate
10ml de azeite
10g de sal fino
2g de pimenta-do-reino quebrada
6 dentes de alho inteiros sem germe
1/2 molho de manjericão
gotas de tabasco a gosto

Para a picanha:
4 picanhas de cordeiro de 300g cada uma
2 dentes de alho
sal e pimenta-do-reino a gosto
1 ramo de tomilho
100ml de azeite

Para o beignet de milho:
Recheio:
30g de manteiga
1/2 cebola picada
100g de milho em conserva
240ml de água do milho em conserva
240ml de leite
1 ovo
50g de farinha de trigo
100g de cream cheese
25g de queijo grana padano ralado
2 folhas de gelatina sem sabor
1/2 molho de salsa picada
sal, pimenta-do-reino e gotas de tabasco a gosto
1 litro de óleo de soja

Tempura:
60g de milho em conserva
300g de farinha de trigo
10g de fermento em pó
2g de açúcar
sal a gosto
360ml de água com gás

Para a guarnição:
4 minicenouras
4 minimilhos
4 aspargos
100g de favas

Para a farofa de avelã:
50g de manteiga
50g de cebola batida no liqüidificador
200g de avelã em pó ou farinha de avelãs
80g de Neston
sal a gosto

Utensílios necessários:
liqüidificador, tabuleiro

Rendimento:
4 porções

Preparo do molho de tomate temperado:
1. Lavar os tomates e cortar em 4.
2. Num recipiente, misturar os tomates com o açúcar, a massa de tomate e o azeite.
3. Colocar em um tabuleiro, juntar o sal, a pimenta quebrada e o alho. Levar ao forno a 130°C para cozinhar por 1 hora e 30 minutos a 2 horas.
4. Coar o tomate e levar o líquido para reduzir★ à metade juntando o manjericão.
5. O restante do tomate volta para o forno enquanto o caldo está reduzindo. Deglaçar★ o tomate com o caldo reduzido. Deixar cozinhar mais 15 minutos.
6. Bater tudo no liqüidificador e acrescentar algumas gotas de tabasco.

Preparo da picanha:
1. Limpar as picanhas e esfregar meio dente de alho em cada uma. Em seguida, temperar com sal, pimenta e tomilho.
2. Aquecer uma panela com o azeite e selar★ as picanhas primeiramente do lado da gordura. Depois, virar e deixar dourar uniformemente de todos os lados.
3. Levar ao forno a 170°C de 7 a 15 minutos, conforme o gosto. Deixar descansar a carne em lugar quente.

Preparo do beignet de milho:
Recheio:
1. Em uma frigideira, aquecer a manteiga, juntar a cebola e suar★ até ficar transparente.

2. Acrescentar o milho com a água e o leite, deixar ferver.
3. Retirar do fogo e bater no liqüidificador. Acrescentar o ovo, a farinha, pouco a pouco, o cream cheese e o grana padano.
4. Depois de batido, voltar ao fogo para engrossar, sem parar de mexer.
5. Retirar do fogo e juntar a gelatina previamente amolecida na água gelada e a salsa picada. Temperar com sal, pimenta e gotas de tabasco, deixar esfriar e moldar os beignets (sonhos). Congelar.
6. Na hora de servir, colocar o óleo numa panela e aquecer a 170°C. Mergulhar as bolinhas de milho congeladas dentro da tempura e fritar.

Tempura:
1. Bater no liqüidificador o milho em conserva com um pouco de água com gás, até obter uma pasta.
2. Colocar a pasta de milho em um recipiente e acrescentar a farinha, o fermento em pó, o açúcar e o sal, sem deixar embolar.
3. Adicionar o restante da água com gás, pouco a pouco, mantendo a consistência de pasta. Reservar.

Preparo da farofa de avelã:
1. Numa panela, colocar a manteiga, juntar o purê de cebola. Deixar cozinhar.
2. Quando a água da cebola evaporar, acrescentar a avelã e cozinhar por mais 4 minutos. Adicionar o Neston e temperar com sal.

Preparo da guarnição:
1. Descascar as cenouras, limpar os minimilhos e os aspargos.
2. Levar uma panela com água e sal ao fogo para ferver e cozinhar os legumes a gosto.
3. Cozinhar as favas rapidamente por 1 minuto em água fervente e resfriar na água gelada para retirar as cascas.

Montagem:
1. Aquecer a guarnição, a farofa e o molho de tomate.
2. Em cada prato, dispor as fatias de picanha, colocar ao lado 4 beignets, a guarnição, a farofa e o molho de tomate.

Filet Mignon de Veau en Croûte de Champignon, et son Flan à l'Ail

Filé Mignon de Vitela Envolto em Shiitake e seu Flã de Alho

Para a vitela:
2kg de filé mignon de vitela
1 clara
20g de sal
5g de pimenta-do-reino
250g de creme de leite
5g de estragão picado
2,5g de coentro picado
500g de shiitake
50ml de azeite

Para o flã de alho:
1 cabeça de alho
250ml de óleo de soja
150ml de creme de leite
150ml de caldo de frango claro
 (ver receita na p. 152)
2 ovos inteiros
1 gema
sal e pimenta-do-reino branca a gosto
manteiga para untar

Para a galette de batata:
3 batatas-inglesas
2 gemas
5g de salsa picada
5g de estragão picado
10g de cebolinha picada
25g de manteiga
40ml de azeite

Para o molho:
aparas do filé mignon
200g de guarnição aromática*
150ml de vinho branco
3 tomates
1 litro caldo de vitela (ver receita na p. 153)

Utensílios necessários:
processador de alimentos, peneira, papel-manteiga, rolo de massa, filme plástico, barbante, forma refratária, liqüidificador, 4 formas para flã, papel-alumínio, 8 aros de alumínio

Rendimento:
4 porções

Preparo da vitela:

1. Limpar a vitela e reservar as aparas para confeccionar o molho.
2. Dessa carne, separar 500g e cortar em cubos, passar pelo processador e depois pela peneira.
3. Num recipiente colocado sobre outro recipiente com gelo, misturar todos os ingredientes (a carne processada e peneirada, a clara, 10g de sal e 2g de pimenta).
4. Acrescentar o creme de leite, por último, pouco a pouco e, depois, as ervas picadas. Reservar.
5. Limpar os shiitakes e cortar os pés.
6. Arrumar os shiitakes sobre o filme plástico, colocando um do lado do outro sem deixar espaços, sobrepondo-os ligeiramente, para formar um retângulo de 25cm x 20cm.
7. Acrescentar mais uma folha de filme plástico e, em seguida, afinar os shiitakes com a ajuda do rolo. Retirar o filme plástico.
8. Colocar sobre este retângulo uma fina camada de musse de vitela.
9. Colocar os filés temperados com sal e pimenta sobre o retângulo e enrolar, cortando o excesso de shiitake. Enrolar tudo muito bem com a ajuda do filme plástico.
10. Levar a geladeira por 1 hora. Retirar o filme plástico e amarrar com barbante.
11. Na hora de servir, fritar os filés enrolados, na frigideira aquecida com o azeite, e terminar o cozimento no forno a 170°C por 5 a 7 minutos até alcançar o ponto desejado.

Preparo do flã de alho:

1. Em uma forma refratária, colocar os dentes de alho e cobrir com óleo.
2. Levar ao forno a 150°C para assar lentamente, de 20 a 30 minutos.
3. Quando o alho estiver assado, descascar e levar ao fogo com 150ml de creme de leite e 150ml de caldo de frango. Reduzir* tudo à metade.
4. Passar o conteúdo no liqüidificador, acrescentar os ovos e a gema e temperar com sal e pimenta.

5. Untar as formas com manteiga derretida.
6. Encher as formas com a mistura e assar em banho-maria,★ por 15 minutos, em forno a 100°C.

Preparo da galette de batata:
1. Levar as batatas envoltas em papel-alumínio para assar em forno a 180°C.
2. Quando as batatas estiverem cozidas, descascar e amassar com um garfo.
3. Incorporar as gemas e acrescentar as ervas e a manteiga.
4. Moldar uma a uma em aros individuais, depois desenformar e reservar.
5. Na hora de servir, dourar em frigideira antiaderente com o azeite, dourar as galette de batatas e reservar na estufa.

Preparo do molho:
1. Cozinhar lentamente as aparas de vitela até dourar.
2. Juntar a guarnição aromática e deixar suar.★
3. Deglaçar★ com vinho branco e reduzir.
4. Acrescentar o caldo de vitela.
5. Reduzir até obter um molho consistente e peneirar.

Montagem:
1. Aquecer o flã em banho-maria.
2. Em um prato, desenformar o flã, dispor 2 galettes ao lado e 2 fatias do filé de vitela.
3. Regar com o molho.

Picanha de Boeuf Rôti sur un Anneau de Pomme de Terre, Petite Salade d'Herbes et Vinaigrette de Truffes

Picanha Bovina sobre um Anel de Batata, Saladinha de Ervas e Vinagrete de Trufas

Para a picanha:
1,2kg de picanha bovina
sal grosso a gosto
pimenta-do-reino em grão, levemente quebrada, a gosto

Para o anel de batata:
3 batatas-inglesas
250g de água
5g de sal + sal para temperar
5g de açúcar
125g de manteiga
180g de farinha de trigo
5 ovos
10g de trufas picadas
2 litros de óleo de soja para fritar

Para a salada de ervas:
3 galhos de coentro
3 galhos de salsa
1 molho de rúcula
20g de mini-agrião
6 mini-alcachofras confit,* em conserva

Para o vinagrete de trufas:
200ml de azeite de nozes
1 filé de alici
50ml de vinagre de xerez
10g de trufas picadas
1 dente de alho picado

Utensílios necessários:
tabuleiro, espremedor de batata, saco de confeiteiro com um bico de 1cm

Rendimento:
4 porções

Preparo da picanha:
1. Limpar a picanha e temperá-la com sal grosso e pimenta.
2. Selar a carne com um pouco de óleo de soja, em uma frigideira em fogo alto, deixando cozinhar bem a gordura e virando para dourar todos os lados.
3. Em um tabuleiro, acabar a cocção no forno a 180º, de 10 a 20 minutos, dependendo do gosto, malpassada ou bem-passada.
4. Na hora de servir, cortar em fatias bem finas.

Preparo do anel de batata:
1. Cozinhar as batatas e amassar como para um purê.
2. Ferver a água com o sal, o açúcar e a manteiga. Retirar a panela do fogo, e juntar, de uma só vez, a farinha.
3. Voltar a panela ao fogo, mexendo sempre, até que a massa fique bem seca (não fique colando) e se veja o fundo da panela. Retirar a panela do fogo e acrescentar os ovos, um a um.
4. Essa massa chama-se pâte à choux. Misturar com o purê de batatas, acrescentar as trufas picadas e temperar com sal. Observar para que seja a mesma quantidade de massa e de purê.
5. Colocar a massa no saco de confeiteiro e desenhar os anéis com aproximadamente 8cm de diâmetro. Colocar os anéis no freezer até que fiquem firmes.
6. Retirar do freezer e fritar em óleo, a 160ºC.

Preparo da salada de ervas:
1. Retirar as folhas do coentro e da salsa.
2. Limpar a rúcula e o mini-agrião.
3. Lavar as folhas e juntar para montar uma salada.
4. Cortar as alcachofras pela metade e reservá-las.

Preparo do vinagrete de trufas:

1. Levar ao fogo uma panela com 1 colher de sopa de azeite de nozes e juntar o alici para derretê-lo.
2. Num recipiente, misturar o vinagre de xerez com o alici, as trufas e o alho, acrescentando lentamente o restante do azeite de nozes.

Montagem:

1. Em um prato, colocar o anel de batata, e dentro dele, a picanha fatiada, arrumando-a em flor, dando acabamento com um buquê de ervas.
2. Em volta, dispor 3 mini-alcachofras confit previamente aquecidas. Para finalizar, temperar com um fio de vinagrete de trufas.

Le Saint Honoré

Pièce de Veau Braisée au Café, Fricassée de Légumes Verts

Vitela Braseada ao Café, Fricassê de Legumes Verdes

Para a vitela:
70ml de óleo de soja
1 paleta de vitela de 800g, limpa e temperada com sal e pimenta-do-reino
200g de guarnição aromática
 (ver receita na p. 151)
100ml de vinho branco
200ml de caldo de carne
 (ver receita na p. 153)
5g de café moído
1 xícara de café expresso

Para o fricassê de legumes verdes:
200g de brócolis
200g de ervilha
2 quiabos
1/2 cebola cortada em cubos
70g de peito de pato defumado
100g de tomate cortado em cubos
manteiga e azeite para refogar

Para o sabayon café:
2 gemas
1 xícara de café expresso
200ml de manteiga clarificada
 (ver receita na p. 151)
sal, pimenta-do-reino e açúcar a gosto
50g de creme chantilly

Rendimento:
4 porções

Preparo da vitela:
1. Numa panela com o óleo, selar★ a paleta.
2. Juntar a guarnição aromática e refogar tudo.
3. Retirar o excesso de gordura, adicionar o vinho branco e deixar reduzir.★
4. Acrescentar o caldo de carne, o café e deixar aquecer vagarosamente no fogo.
5. Cobrir a panela com papel-alumínio e levar ao forno a 65°C por 9 horas.
6. Quando a carne estiver cozida, retirar do forno, coar o caldo e dividir em duas partes. Reservar uma parte para reaquecer a vitela na hora de servir.
7. Reduzir a outra parte do caldo, no fogo, até engrossar para obter o molho de café. Verificar o tempero e acrescentar o café expresso. Reservar.

Preparo do fricassê de legumes verdes:
1. Numa panela com água e sal, cozinhar os legumes verdes e resfriá-los rapidamente.
2. Numa frigideira, com um pouco de azeite, suar★ a cebola e juntar o peito de pato. Acrescentar os legumes verdes e finalizar com o tomate.

Preparo do sabayon café:
1. Numa panela, em banho-maria★, emulsionar★ as gemas com o café.
2. Quando a mistura atingir uma consistência cremosa, incorporar a manteiga clarificada, fora do banho-maria. Temperar com sal, pimenta e açúcar. E incorporar o chantilly.

Montagem:
1. Fatiar a vitela em tournedos★ grossos e aquecê-los no caldo de café sem ferver.
2. No centro do prato, desenhar um círculo com o sabayon de café. Colocar o fricassê de legumes verdes dentro do círculo e a vitela por cima. Regar com o molho de café.

Les Desserts

Sobremesas

132 ～ Le Saint Honoré

Beignets au Chocolat, Salade de Fruits Frais

Beignets de Chocolate, Salada de Frutas Frescas

Para o beignet de chocolate:
50g de cacau
60g de açúcar
2g de sal
3 ovos
300g de farinha de trigo
300ml de champanhe
50g de manteiga derretida
16 trufas de chocolate
1 1/2 litro de óleo de soja para fritar
açúcar de confeiteiro para polvilhar

Para a salada de frutas:
1 manga cortada em cubos pequenos
1/2 abacaxi cortado em cubos pequenos
100g de morango cortado em cubos
1 kiwi cortado em cubos pequenos
1 mamão papaia cortado em cubos pequenos
suco de 1 maracujá

Utensílios necessários:
toalha de papel, taças para salada de frutas

Rendimento:
4 porções

Preparo da massa de beignet:
1. Num recipiente, misturar o cacau, o açúcar, o sal, os ovos e a farinha.
2. Depois, adicionar o champanhe e a manteiga. Reservar.
3. Na hora de servir, mergulhar as trufas na massa de beignet, envolvendo-as bem, e fritar no óleo de soja a 180°C.
4. Secar em toalha de papel e polvilhar por cima um pouco de açúcar de confeiteiro.

Preparo da salada de frutas:
1. Num recipiente, misturar as frutas.
2. Temperar com o suco de maracujá e reservar.

Montagem:
1. Em cada prato, arrumar 3 a 4 beignets.
2. Encher as taças de salada de frutas e dispor ao lado dos beignets.

Bruschetta de Pain d'Épices, Carambole Confite au Poivre de Sichuan

Bruschetta de Pão de Especiarias, Carambola Confit com Pimenta-de-Sichuan

Para o pão de especiarias:
250g de farinha de centeio
250g de farinha de trigo
45g de fermento em pó
500g de mel aquecido a 37°C
250ml de leite
6 ovos
70g de açúcar mascavo

Especiarias do pão:
12g de canela em pó
2 anises-estrelados
1 grão de cardamomo
2 pitadas de noz-moscada ralada
1 pitada de gengibre em pó
6 grãos de pimenta-do-reino preta
80g de casca de laranja confit* em purê

Para o sorvete de pimenta-de-sichuan:
500ml de leite
5g de pimenta-de-sichuan
5 gemas
150g de açúcar

Para a musselina:
130ml de leite
20ml de creme de leite
2g de especiarias de pão
1/2 fava de baunilha
2 gemas
50g de açúcar refinado

10g de farinha
8g de amido de milho
5g de gelatina sem sabor
300g de chantilly

Para a carambola confit com pimenta-de-sichuan:
4 carambolas médias separadas pelos gomos
4g de pimenta-de-sichuan
150g de açúcar refinado
1 litro de água

Para a cachaça de morango com perfume de sichuan:
300g de morangos maduros cortados em 4
180g de açúcar
500ml de cachaça de boa qualidade
170ml de carambola confit

Para decorar:
1 carambola
100g de açúcar de confeiteiro

Utensílios necessários:
socador, coador, batedeira, forminhas, papel-manteiga, tabuleiro, saco de confeiteiro

Rendimento:
4 porções

Preparo do pão de especiarias:
1. Colocar todas as especiarias no socador e socar até virar um pó.
2. Misturar todos os ingredientes na ordem em que se apresentam e assar em forma forrada com papel-manteiga no forno aquecido a 165°C por aproximadamente 90 minutos. Estará pronto quando, ao espetar, a ponta da faca sair limpa.

Preparo do sorvete de pimenta-de-sichuan:
1. Numa panela, levar o leite para ferver com a pimenta e deixar em infusão por 40 minutos.
2. Misturar as gemas e o açúcar.
3. Ferver novamente o leite e regar sobre essa mistura de gema com açúcar. Misturar tudo.
4. Levar tudo para cozinhar de novo, sem parar de mexer; este creme inglês deve cozinhar sem ferver (84°C). Levar para congelar.

Preparo da musselina:
1. Ferver o leite, o creme de leite, as especiarias e a baunilha.
2. Num recipiente, colocar as gemas, o açúcar e bater bem. Incorporar a farinha e o amido de milho.
3. Coar por cima o leite fervente, misturar e levar tudo para ferver durante 2 a 3 minutos, sem parar de mexer.
4. Pesar 150g de creme de confeiteiro (obtido nos passos 1 a 3) e misturar a gelatina amolecida na água fria e espremida. Deixar esfriar, misturar lentamente com o chantilly e reservar.

Preparo da carambola confit com pimenta-de-sichuan:
1. Em uma panela larga e baixa, colocar o açúcar, a água e misturar bem. Juntar os gomos das carambolas e a pimenta e deixar ferver. Abaixar o fogo e cozinhar por 20 minutos.
2. Desligar o fogo e reservar.

Preparo da cachaça de morango com perfume de sichuan:
1. Em um recipiente, misturar os morangos com o açúcar e deixar macerar por 3 dias na geladeira.
2. Acrescentar a cachaça e a carambola confit. Guardar em recipiente bem fechado. Dura na geladeira até 15 dias.

Decoração:
1. Cortar 8 fatias de 1mm de carambola e arrumar num tabuleiro. Polvilhar com açúcar de confeiteiro.
2. Levar ao forno, com a temperatura mais baixa possível, e deixar secar, virando as fatias de carambola a cada 30 minutos.
3. Cortar mais 8 fatias de 1cm de carambola e reservar.

Montagem:
1. Cortar 1 fatia de 7mm de pão de especiarias para cada prato.
2. Cortar as extremidades da carambola para que ela fique do mesmo tamanho da fatia de pão. Arrumar as fatias de carambola em cima do pão, intercalando a musselina, aplicada com um saco de confeiteiro.
3. Colocar, ao lado, 2 colheres de sorvete intercalando com as fatias de carambola fresca. Decorar com a carambola seca e servir com o copo de cachaça de morango ao lado.

136 ~ Le Saint Honoré

Gâteau au Fromage Blanc et aux Fruits Rouges

Cheese Cake com Frutas Vermelhas

Para o cheese cake:
420g de cream cheese
125g de açúcar
20g de farinha
6 ovos
1 gema
20g de creme de leite
manteiga para untar
açúcar para polvilhar

Para o biscoito dacquoise com especiarias:
125g de farinha de amêndoas
125g de açúcar refinado
100g de clara de ovos
50g de açúcar de confeiteiro
1 colher (café) de especiarias para pão de especiarias (ver receita de bruschetta na p. 134)

Para o coulis de morango:
250g de morango
100g de açúcar
gotas de limão

Para rechear e decorar:
1 caixa de morangos
4 bolas de sorvete de framboesa

Para o xarope (ver preparo na p. 153):
50ml de licor de framboesa
suco de 1/2 limão
15g de açúcar

Utensílios necessários:
batedeira, 2 tabuleiros, papel-manteiga, peneira, pincel, cortador redondo

Rendimento:
4 porções

Preparo do cheese cake:
1. Misturar o cream cheese com o açúcar, juntar a farinha e incorporar, um a um, os ovos. Por último, incorporar o creme de leite.
2. Assar em tabuleiro untado com manteiga e polvilhado com açúcar no forno a 85ºC por 3 horas, em banho-maria.★

Preparo do biscoito dacquoise:
1. Misturar as amêndoas com o açúcar. Reservar.
2. Bater as claras com o açúcar de confeiteiro.
3. Acrescentar a mistura de amêndoas com açúcar e as especiarias e misturar tudo.
4. Forrar um tabuleiro com papel-manteiga e levar a mistura ao forno a 170ºC por 10 minutos.

Preparo do coulis de morango:
1. Misturar os morangos com o açúcar e algumas gotas de limão e peneirar.

Preparo do recheio:
1. Fatiar finamente os morangos mais bonitos e reservar para a decoração.
2. Cortar o restante em cubos.

Montagem:
1. No centro de um prato, colocar um círculo de dacquoise. Pincelar por cima com o xarope.
2. Com um cortador redondo, cortar um pedaço de cheese cake e retirar um pedaço de 2cm do centro. Colocar o cheese cake sobre o biscoito dacquoise. Rechear a cavidade com os morangos cortados em cubos e encher com o coulis de morango.
3. Dispor uma bola de sorvete de framboesa ao lado. Sobre o cheese cake, colocar uma porção de algodão-doce.

Consomé de Pitanga et Fruits Frais

Consomê de Pitanga e Frutas Frescas

Para o consomê de pitanga:
200g de polpa de pitanga
350ml de água
100g de açúcar
4 claras
6g de amido de milho

Para a guarnição:
1/2 manga cortada em tiras finas
1/2 mamão papaia cortado em tiras finas
1 kiwi cortado em fatias
4 morangos cortados em 4
1 carambola cortada em fatias
4 fatias de abacaxi cortadas em 8
Obs.: Todas as frutas da estação podem ser utilizadas.
200ml de champanhe para finalizar

Utensílio necessário:
pano fino como o morim para coar

Rendimento:
4 porções

PREPARO DO CONSOMÊ DE PITANGA:
1. Misturar a polpa de pitanga com a água e o açúcar e levar ao fogo numa panela para cozinhar por 5 minutos. Deixar esfriar.
2. Num recipiente, emulsionar★ as claras com o amido de milho e misturar com o caldo de pitanga frio.
3. Levar ao fogo baixo para clarificar.★ O caldo não pode ferver. Se a temperatura subir, querendo ferver, acrescentar alguns cubos de gelo. Cozinhar por 20 minutos e coar com cuidado, usando um pano fino para retirar todas as impurezas.

MONTAGEM:
1. Em um prato fundo, arrumar as frutas e regar por cima o consomê de pitanga, bem gelado.
2. Antes de servir, finalizar com o champanhe.

Le Saint Honoré

Mon Gâteau d'Anniversaire Préféré

Meu Bolo de Aniversário Preferido

Para o biscoito de limão:
1 ovo
90g de açúcar
1 fava de baunilha
1,5g de casca de laranja ralada
1g de casca de limão ralada
3g de gengibre ralado
10ml de licor de laranja
4 gemas
70g de farinha de trigo
70g de amido de milho
2g de fermento em pó
70g de manteiga derretida

Para o recheio de frutas cítricas:
130ml de leite
20ml de creme de leite
1g de casca de laranja ralada
1g de casca de limão ralada
1/2 fava de baunilha
2 gemas
50g de açúcar refinado
10g de farinha de trigo
8g de amido de milho
5g de gelatina sem sabor
300g de chantilly

Para as frutas marinadas:*
5ml de licor de laranja
suco de 1/2 limão
15g de açúcar refinado
100g de framboesa ou morango

Para a decoração:
frutas frescas
açúcar de confeiteiro para polvilhar

Utensílios necessários:
batedeira, pão-duro, tabuleiro, papel-manteiga, filme plástico, pincel

Rendimento:
4 porções

Preparo do biscoito de limão:
1. Bater o ovo com o açúcar.
2. Juntar a semente da baunilha, as cascas raladas, o gengibre, o licor de laranja e as gemas. Bater até obter uma consistência cremosa.
3. Depois, com um pão-duro, incorporar com cuidado, pouco a pouco, a farinha e o amido de milho e o fermento peneirados. Depois, incorporar a manteiga.
4. Forrar um tabuleiro com uma folha de papel-manteiga e arrumar o biscoito por cima.
5. Levar ao forno a 180°C por 25 a 30 minutos.

Preparo do recheio de frutas cítricas:
1. Ferver o leite, o creme de leite, as cascas raladas e as sementes da baunilha.
2. Num recipiente, bater bem as gemas com o açúcar. Incorporar a farinha e o amido de milho. Coar sobre essa mistura o leite fervente. Misturar bem e levar tudo ao fogo para cozinhar. Deixar ferver de 2 a 3 minutos, sem parar de mexer.
3. Misturar 150g de creme confeiteiro (obtido nos passos 1 e 2) com a gelatina previamente amolecida na água fria e espremida para retirar o excesso de água.
4. Deixar resfriar, adicionar lentamente o chantilly e reservar.

Preparo das frutas marinadas:*
1. Num recipiente, juntar o licor de laranja, o suco de limão e o açúcar.
2. Mergulhar as frutas nessa mistura e deixar por 2 horas.

Montagem
1. Cobrir um recipiente com filme plástico, colocar uma fina camada do recheio e salpicar as frutas marinadas.
2. Cortar um pedaço do biscoito do tamanho do recipiente de maneira a cobrir o recheio.
3. Com o pincel, embeber o biscoito com a marinada de frutas e repetir a operação até completar o recipiente. Deixar 24 horas na geladeira.
4. Recortar o restante do biscoito em forma de letras F E L I Z A N I V E R S Á R I O e em pequenos cubos.
5. Desenformar o bolo, dispor as letras e os cubos. Na hora de servir, decorar com as frutas frescas e polvilhar açúcar de confeiteiro.

Le Saint Honoré

Pyramide Parfumée à l'Orange et sa Cristalline de Fruits Frais

Pirâmide Perfumada de Laranja e Cristaline de Frutas Frescas

Para a massa das pirâmides:
110g de açúcar refinado
80g de farinha de trigo
1 ovo
1 gema
25ml de rum
85g de leite condensado
200ml de água
20g de manteiga
20g de leite em pó

Para as cristalines:
750g de açúcar refinado
400g de fondant pronto
100g de pó para refresco sabor laranja

Para a guarnição:
400ml de iogurte natural
50ml de creme de leite
açúcar a gosto
1 manga cortada em cubos
1 kiwi cortado em cubos
100g de morango cortados em cubos
1 mamão papaia cortado em cubos

Utensílios necessários:
4 forminhas, tabuleiro, processador de alimentos, 1 folha de plástico resistente, silpat (placa de borracha antiaderente, resistente a altas temperaturas) ou tabuleiro antiaderente, peneira, espátula, sifão (garrafa para chantilly)

Rendimento:
4 porções

Preparo da massa das pirâmides:
1. Num recipiente, misturar o açúcar, a farinha, o ovo, a gema, o rum e o leite condensado.
2. Numa panela, ferver a água, a manteiga e o leite em pó e adicionar ao recipiente anterior, misturando bem.
3. Coar, colocar em 4 forminhas e levar ao forno a 180°C por 50 minutos, para dourar.

Preparo das cristalines:
1. Numa panela, levar todos os ingredientes para cozinhar a 130°C.
2. Quando o açúcar estiver cozido, derramar sobre um tabuleiro untado com manteiga e deixar esfriar. Depois de frio, passar no processador até virar pó.
3. Preparar um molde vazado de 12cm x 12cm com o plástico. Colocar esse molde sobre uma silpat.
4. Com a ajuda de uma peneira, polvilhar o pó de açúcar em cima do molde fazendo uma camada fina e uniforme no espaço vazado. Retirar o molde, que deve deixar um quadrado bem reto sobre a silpat. Levar ao forno quente por 1 a 2 minutos. O açúcar deve derreter ligeiramente.
5. Descolar com uma espátula cuidadosamente somente uma borda da folha de açúcar e enrolar em forma de tubo da espessura que desejar, utilizando um tubo, copo ou qualquer objeto cilíndrico. Apertar as bordas, retirar o tubo e deixar esfriar. Repetir a operação até obter 4 cristalines.

Preparo da guarnição:
1. Misturar o iogurte, o creme de leite e o açúcar.
2. Preparar o sifão com gás, encher com a mistura e reservar na geladeira.
3. Colocar as frutas em uma saladeira e reservar na geladeira.

Montagem:
1. Levar as pirâmides ao forno para amornar.
2. Encher as cristalines até a metade com a salada de frutas e com a espuma de iogurte.
3. Servir a cristaline ao lado da pirâmide.

Le Saint Honoré ~ 143

Les Friandises

Guloseimas

Telhas de Framboesa

50g de polpa de framboesa
50g de glucose
50g de açúcar
50g de farinha de trigo
50g de manteiga derretida fria

Para salpicar:
1 pacote de erva-doce

Utensílios necessários:
papel-manteiga, garrafa ou similar

Rendimento:
40 unidades

Preparo:

1. Misturar todos os ingredientes e deixar descansar por 1 hora.
2. Com uma espátula, em cima de uma folha de papel-manteiga, espalhar a mistura em forma de disco de 5cm de diâmetro. Salpicar com erva-doce. Levar ao forno a 170°C para assar.
3. Já assados e ainda quentes, colocar em cima da garrafa para dar o formato de telhas.

Maria-Mole

100ml de água
250g de açúcar
3 claras
6 folhas de gelatina incolor sem sabor
1 colher de chá de água de rosas
1 colher de café de corante vermelho
200g de açúcar de confeiteiro para enrolar as marias-moles
galhinhos de alecrim para decorar

Utensílios necessários:
batedeira, forma de 30cm X 20cm

Rendimento:
150 unidades

Preparo:

1. Levar uma panela com a água e o açúcar para ferver até 120°C até obter ponto de fio.
2. Ao mesmo tempo, bater as claras em neve. Quando as claras estiverem no ponto, adicionar a calda e continuar a bater.
3. Juntar a gelatina previamente amolecida, a água de rosas e o corante. Bater até o resfriamento total. Colocar essa mistura numa forma para que fique com 2cm e reservar.
4. Cortar as marias-moles em cubos, enrolar com açúcar de confeiteiro e decorar com um galhinho de alecrim.

Picolé de Menta

500g de sorvete de hortelã
200g de chocolate
50g de óleo de soja
10g de azeite de nozes

Utensílios necessários:
tabuleiro de 3cm de altura, palitos longos para churrasco

Rendimento:
14 unidades

PREPARO:
1. Colocar o sorvete de hortelã no tabuleiro e levar ao freezer até que fique bem firme.
2. Cortar o sorvete em forma de picolés e prendê-los no palito.
3. Derreter o chocolate em banho-maria,★ juntar o óleo de soja e o azeite de nozes. Mergulhar os picolés nessa mistura e levar ao freezer novamente.

Morango Recheado

20 morangos limpos e sem o miolo
salada de frutas variadas cortadas bem finas
10g de açúcar de confeiteiro para polvilhar

Para o merengue:
3 claras
70g de açúcar
70g de açúcar de confeiteiro peneirado
raspas de limão

Utensílios necessários:
peneira, batedeira, pão-duro

Rendimento:
15 a 20 unidades

PREPARO DO MERENGUE:
1. Bater as claras em neve e adicionar o açúcar. Incorporar o açúcar de confeiteiro e as raspas de limão com um pão-duro.
2. Formar os merengues e assar no forno baixo com a porta aberta.

MONTAGEM:
1. Rechear os morangos com uma fina salada de frutas.
2. Colocar um morango em cima de cada merengue e polvilhar com açúcar de confeiteiro.

Les Infusions

Infusões

Filomena

Preparo:
1. Cortar o capim-limão em pedaços de 1cm.
2. Com um socador, amassar as especiarias. Misturar tudo com o açúcar vermelho.
3. Reservar em um saco de papel.

25g de capim-limão seco
10g de anis-estrelado
50g de canela em pau
10g de cardamomo
3g de pimenta-do-reino preta
1 pitada de açúcar de maçã do amor vermelho

Rendimento:
30 infusões

Pascale

Preparo:
1. Com um socador, amassar as ervas e juntar as pétalas.
2. Reservar em um saco de papel.

20g de hortelã seca
20g de verbena seca
20g de erva-cidreira seca
1 pitada de pétala de calêndula

Rendimento:
40 infusões

Ana

Preparo:
1. Cortar o capim-limão em pedaços de 1cm.
2. Com um socador, amassar as especiarias e misturar.
3. Reservar em um saco de papel.

50g de capim-limão
50g de guaraná
15g de anis-estrelado
25g de gengibre
10g de canela

Rendimento:
40 infusões

Cristina

Preparo:
1. Cortar o capim-limão grosseiramente.
2. Com o socador amassar as especiarias, a erva-cidreira e o hibisco e misturar.
3. Reservar em um saco de papel.

20g de anis-verde
4 cravos-da-índia
1g de pimenta-de-sichuan
30g de capim-limão seco
20g de erva-cidreira seca
30g de hibisco

Rendimento:
45 infusões

Na hora de servir:
1. Colocar a água filtrada para aquecer, sem ferver.
2. Aquecer o bule de chá e as xícaras.
3. Colocar, no bule, 1 colher de café da mistura para cada infusão escolhida para cada xícara. Adicionar por cima a água, tampar bem e deixar em infusão por 5 minutos. Coar e servir.

Les Recettes de Base

Receitas Básicas

Manteiga clarificada

300g de manteiga

PREPARO:
1. Numa panela, derreter a manteiga em fogo baixo.
2. Deixar descansar por 20 minutos e, com a escumadeira, delicadamente, retirar a caseína (película de cima) separando, com uma concha, a manteiga do soro (líquido branco), no fundo do recipiente.

OBS.: Pode-se utilizar o microondas, tendo cuidado para derreter a manteiga lentamente.

Guarnição aromática

2 cenouras
1 cebola
1 aipo
2 dentes de alho (sem o germe)
2 tomates
5ml de óleo de soja
20g de manteiga

PREPARO:
1. Cortar os legumes em mirepoix.★
2. Aquecer o óleo e a manteiga e suar★ os legumes.

OBS.: Se for para peixe, pode-se acrescentar funcho. Para obter um caldo mais escuro, recomenda-se aumentar a quantidade de tomates.

Vinagrete extravirgem

100ml de vinagre de framboesa
20ml de vinagre balsâmico
6g de sal
1g de pimenta-do-reino
350ml de azeite extravirgem

Rendimento:
470ml

PREPARO:
1. Num recipiente, bater os vinagres e os temperos para dissolver.
2. Incorporar, pouco a pouco, o azeite sem parar de mexer. Reservar.

Le Saint Honoré

Pesto

Preparo:

1. Com um socador ou no liqüidificador, obter uma pasta com a alfavaca, o alho e os pinhões.
2. Incorporar, pouco a pouco, o azeite e finalizar com o parmesão.

60g de folhas de alfavaca
1 dente de alho (sem o germe)
30g de pinhões
4 colheres de sopa de azeite extravirgem
1 colher de sopa de queijo parmesão

Utensílio necessário:
socador ou liqüidificador

Fumet (caldo) de peixe

Preparo:

1. Num recipiente com borda alta, colocar as espinhas e deixar em água gelada corrente durante uma 1 hora.
2. Numa panela de fundo grosso, suar* os legumes na manteiga.
3. Juntar as espinhas de peixe, deixar suar mais 3 minutos, deglaçar* com o vinho e reduzir* à metade.
4. Adicionar o bouquet garni,* a água e levar ao fogo. Quando ferver, abaixar o fogo e deixar cozinhar por 30 minutos.
5. Retirar do fogo, coar e resfriar rapidamente.

1kg de espinha de peixe cortada
    (linguado, tamboril)
2 cebolas cortadas em mirepoix*
100g de cogumelos-de-paris cortados em mirepoix
2 ramos de aipo cortado em mirepoix
40g de manteiga
200ml de vinho branco
1 bouquet garni*
1,5 litro de água filtrada

Utensílio necessário:
chinois* fino

Rendimento:
1 litro

Caldo de frango claro

Preparo:

1. Cortar grosseiramente as carcaças e asas e deixar por 30 minutos em água gelada corrente.
2. Em uma panela de fundo grosso, cobrir as carcaças e asas com água gelada e levar para ferver durante 2 minutos. Coar.
3. Em outra panela, colocar as carcaças, as asas e o restante dos ingredientes. Acrescentar a água e levar para ferver por 2 minutos, abaixar o fogo e deixar cozinhar por 2 horas.
4. Retirar, deixar descansar 10 minutos, coar e resfriar rapidamente.

1kg de carcaça e asa de aves
1 cebola cortada em mirepoix*
1 cenoura cortada em mirepoix
2 dentes de alho
1 bouquet garni*
1 cravo
2 litros de água

Utensílio necessário:
coador

Rendimento:
1 litro

Caldo de frango escuro

PREPARO:
1. Numa panela de fundo grosso, aquecer o óleo e a manteiga. Juntar os pescoços e as asas e deixar dourar de 4 a 5 minutos. Juntar os legumes, deixar suar e caramelizar* os sucos.
2. Deglaçar* com 1/2 copo de água e deixar reduzir.*
3. Adicionar 2 litros de água, o bouquet garni e a pimenta e levar ao fogo. Quando ferver, abaixar o fogo e deixar cozinhar, lentamente, durante 1 hora mexendo e retirando sempre a espuma.
4. Coar e resfriar rapidamente.

80ml de óleo de soja
20g de manteiga
1kg a 2kg de pescoços e asas de aves cortados em pedaços
1 cebola cortada em mirepoix*
2 cenouras cortadas em mirepoix
1 tomate
5 dentes de alho (sem germe) amassados
1/2 copo + 2 litros de água
1 bouquet garni*
2 grãos de pimenta-do-reino

Rendimento:
1 litro

Caldo de carne ou vitela

PREPARO:
1. Cortar as aparas e a canela de vitela.
2. Numa panela de fundo grosso, colocar o óleo e a manteiga. Juntar a carne e deixar dourar, mexendo sempre.
3. Numa frigideira, colocar os legumes para dourar de 4 a 5 minutos. Deglaçar* com água e deixar reduzir.* Envolver bem os legumes dentro desse caldo. Virar os legumes da frigideira em cima da carne e deixar dourar tudo por mais 2 minutos.
4. Deglaçar com o vinho e reduzir. Cobrir a carne com água filtrada e deixar cozinhar, lentamente, por 2 horas. Sempre retirar a espuma. Coar e resfriar rapidamente.

1kg de canela e aparas de vitela
30ml de óleo de soja
15g de manteiga
1 cebola cortada em mirepoix*
2 cenouras cortadas em mirepoix
2 dentes de alho
1 tomate
1/2 copo de água
50ml de vinho branco
1 ramo de tomilho
5 grãos de pimenta-do-reino

Utensílio necessário:
coador

Rendimento:
1 litro

Xarope

PREPARO:
1. Numa panela, ferver o açúcar e a água.
2. Retirar a espuma, filtrar e reservar.

495g de açúcar
695g de água

Le Saint Honoré 153

Glossário

Al dente – Ponto de cozimento em que a massa mantém a consistência, sem desmanchar-se.

Banho-maria – Aquecer ou cozinhar lentamente um alimento, colocando o recipiente em que este se encontra dentro de outro com água e levando-o ao fogo ou ao forno.

Bouquet garni – Ervas e legumes aromáticos do tipo salsa, tomilho, louro, aipo, alho-poró, arrumado em forma de buquê, amarrado com um barbante ou dentro de uma musselina. O buquê deve ser colocado em infusão em um caldo ou molho e retirado ao final do preparo.

Caramelizar – Derreter o açúcar no fogo até obter uma calda escura e grossa. Também significa cobrir o fundo e as bordas de um recipiente com essa calda.

Chinois – Espécie de funil ou tela de inox, de furos bem pequenos, utilizado em cozinha profissional para coar molhos e caldos, entre outros preparados líquidos.

Clarificar – Clarear um líquido turvo por filtração ou adição de albumina.

Concassê – Moer ou cortar, triturar ou mixar, grosseiramente. Usado com frutas, legumes, especiarias, ossos e espinhas de peixe.

Confit – Modo de cozimento lento de carnes, sobretudo de aves, na própria gordura. É também aplicado a legumes ou frutas, utilizando-se bebida alcoólica, açúcar ou vinagre.

Deglaçar – Dissolver em um líquido (água, vinho, caldo, fumet) os sucos de alimentos caramelizados no fundo da panela, a fim de fazer um molho.

Desossar – Retirar os ossos de uma carne mantendo sua forma original.

Dessalgar – Retirar o excesso de sal de um alimento, deixando-o de molho em água, que deve ser trocada em intervalos regulares (em geral estipulados na receita).

Empanar – Passar o alimento na farinha de trigo e no ovo.

Emulsionar – Provocar a mistura de um líquido com outro, pelo batimento com força no mixer, fouet ou, ainda, no liqüidificador, em velocidade rápida.

Flambar – Regar uma preparação com álcool previamente quente ou aquecido.

Macis (Lat. Myristica Fragrans) – Envelope fibroso enrolado na noz-moscada, de cor vermelha quando está fresco; e laranja, quando está seco. O sabor do macis é mais sutil do que a própria noz-moscada, podendo até mesmo substituir este ingrediente em qualquer preparação. Pode ser utilizado ligeiramente quebrado ou em pó.

Mandolim – Instrumento usado para laminar legumes, cortar em fatias finas.

Marinar (marinada) – Mergulhar o alimento durante um determinado tempo (minutos, horas ou dias) em um líquido aromatizado, a fim de produzir o fenômeno osmose.

Mirepoix – Legumes aromáticos cortados em cubos de 1cm, que serão utilizados na confecção de um molho.

Pão-duro – Espátula flexível de silicone que permite fácil manejo na mistura e na ação de raspar as bordas ou fundos de recipientes, evitando, por exemplo, o grumo.

Ramequim – Um tipo de tigela.

Reduzir – Fazer ferver um molho, caldo ou suco visando diminuir seu volume. Os objetivos desta ação são: engrossar um molho, concentrar os sabores e evaporar o álcool.

Selar – Dourar rapidamente e em alta temperatura um alimento para que os poros se fechem e o suco seja mantido no interior.

Suar – Aquecer os legumes com um pouco de gordura vegetal ou animal e mexer ao mesmo tempo, para diminuir o excedente de água e concentrar os sucos.

Tartar – Picadinho cru.

Tornear – Técnica usada para cortes de legumes, uniformizando e padronizando o tamanho e a espessura.

Tournedos – Fatia grossa de filé mignon de 150g.

Cocção dos alimentos

Cocção de carne

Geralmente, é difícil dar um tempo certo para cozinhar uma carne. Na realidade, o tempo varia muito, dependendo do tipo de equipamento instalado (gás ou eletricidade), da qualidade e quantidade do produto para cozinhar. É bom usar as indicações aqui contidas só de maneira informativa, e verificar com sua própria referência e hábito. Você pode utilizar um termômetro específico e a tábua embaixo para ajudar. Também pode enfiar uma agulha no centro da carne. Se a ponta estiver fria, a carne está crua; quente, está malpassada e ardente está bem-passada.

A manteiga é a mais apropriada para fritar uma carne, mas ela queima em temperatura média. Então, o ideal é iniciar com óleo ou azeite e depois juntar a manteiga, abaixar o fogo e regar com freqüência a manteiga derretida em cima da carne

É muito importante deixar descansar a carne assada por 15 a 20 minutos antes de fatiá-la. O repouso vai permitir o sangue de se fixar nas fibras, fazendo com que a carne fique mais macia. Na hora de servir, reaquecê-la, ligeiramente, no forno bem quente.

TIPO	TEMPERATURA NO CENTRO DA CARNE	NOME DA COCÇÃO
Bovina	54°C	malpassado
	60°C	ao ponto
	62°C	bem-cozido
Carneiro	60°C	ao ponto
	65°C	bem-passado
Porco	65°C	bem-passado
	68°C	muito bem-passado
Vitela	63°C	cozido
Aves	63°C	cozido
Terrina de carne	71°C	cozido

Cocção de peixe

O peixe em filé ou inteiro fica bom se for grelhado com um pouco de azeite. Para fritar um filé de peixe com pele, comece sempre pelo lado da pele. Para isso, aqueça bem a frigideira e, quando a pele estiver crocante, coloque um pouco de manteiga e abaixe o fogo. Tampe a frigideira e deixe o calor aumentar aos poucos dentro do peixe. Regue a manteiga derretida sobre o peixe de vez em quando. Não esqueça que os peixes têm uma carne muito frágil e a única maneira de cozê-los é lentamente. Para o peixe sem pele, leve-o diretamente no forno a 70°C.

Tipo	Temperatura no centro da carne	Nome da cocção
Salmão	36°C	nacrado
Peixe	55°C	nacrado
	62°C	cozido

Cocção de legumes

O tempo de cozimento depende de cada legume, por isso, geralmente é melhor cozinhá-los separadamente. É verdade que os legumes verdes são melhores um pouco crocante (al dente) e os outros mais *fondant*.★
Podem ser utilizados os mesmos processos de cozimento para os legumes que para as carnes: grelhados, assados, braseados, vapores, pochê, fritos etc.
A maior parte dos legumes de acompanhamentos deste livro é pochê. Você pode proceder de duas maneiras:

GLAÇAR: Numa panela baixa, coloque os legumes em uma só camada, tempere com sal, pimenta, açúcar ou outro ingrediente. Acrescente um pouco de manteiga ou azeite. Cubra com água e um disco de papel-manteiga. Leve para cozinhar.

POCHÉ: Esse tipo de cozimento é o ideal para os legumes verdes. O procedimento consiste em levar para ferver uma panela com água salgada e mergulhar os legumes. Se os legumes não forem utilizados na hora, é bom resfriá-los em água gelada. O tempero da água é importante também; é bom usar 30g de sal grosso para cada litro de água para cozinhar os legumes verdes, o que vai permitir fixar a clorofila, e 12g para cada litro para os demais legumes.

Equivalência de forno

Geralmente, para as pessoas que não têm forno com graduação de temperatura, mas um termostato com numeração, recomenda-se dividir as temperaturas por 30.

English Translation

INTRODUCTION

White carrot mousseline with caviar. Pumpkin used as a noble ingredient. Passion-fruit pie sprinkled with crunchy seeds. Okra cassoulet. Surely, these are different times. We are in 1975, when personal computers make their appearance and shaving devices have become disposable. The Vietnam War is over and Angola celebrates independence after four centuries of Portuguese domination. Brazilian João Carlos de Oliveira becomes João do Pulo in a 17m89 triple jump in the Mexican Pan-American Games, a world record that would only be broken ten years later. In the movies, "One Flew Over the Cuckoo's Nest" opens with Jack Nicholson, and in England, the English punk movement starts with the first show of the Sex Pistols.

And in France? Well... The French know how to take care of themselves: in France, the *nouvelle cuisine* is an instant success, offering fresh products, light and diaphanous sauces and brand new flavors. In Brazil, too, the phenomenon unfolds, with the addition of a tropical flavor and Brazilian abundance and generosity. Our fruits, vegetables, spices are considered "exotic." We have mangaba (*Hancornia speciosa*), Brazil plums, scarlet eggplant, tucupi (a liquid extracted from the cassava root), jabuticaba (*Myrciaria caulifolia*) and much more, to seduce the chefs who arrive from France in 1975 to open the Le Méridien restaurant and, four years later, Le Saint Honoré, with chef Paul Bocuse. In their luggage, they bring the nouvelle cuisine.

The success was amazing. At first, both *cariocas* (inhabitants of Rio) and visitors found it somewhat strange. Then they applauded, and are still applauding to this day, after finding out that Rio de Janeiro and Le Saint Honoré were made one for the other. As a two-way gift, they nourish each other and everyone else. Instead of obvious cream-filled dishes and bureaucratic combinations, novelties are offered, as distinct culinary modalities are mixed. When Brazil did not have the spices or seasonings known in Europe, their planting was encouraged and native spices were exploited. Horizons expanded on both sides.

The dishes, the chefs, the festivals, a unique team – Le Saint Honoré shines with a Midas touch, creating tradition. For the last ten years, memorable French cheese festivals were held, displaying 150 types of cheese carefully brought over from France. In order to have a perfect event, *fromagier* Gérard Pulard is called. He cares zealously for the cheese, supervising their ripening every day. Gérard Poulard remains here for approximately two weeks, tending the customers, and serving a variety of French handmade cheese dishes. He also follows the history of each individual cow or goat that provides milk to his cheeses (he has full records on each animal), and travels around France visiting small farms and dairy co-ops. He explains: *"I do not make medicines, I make flavors. I seek the soul, the spirit, the memory. This is a cuisine of plants, with its fall-winter and spring-summer collections. Herbs bloom at different times, are eaten by cows and goats, and have different influences on the cheeses' flavor and smell."*

Another innovation was the Fifteen Stars Festival, in March 1999, with a manifest about the importance of gastronomy and the presence of famous chefs such as Danio Braga and Francesco Carli, cooking with Pierre Landry, then chef of Le Saint Honoré. The three of them produced a six-hand dinner. In the menu of this unforgettable night, Pierre Landry served slipper lobster with mushrooms, tomato comfit terrine with Italian basil, and smoked anglerfish heart, of instigating suavity. Next, Danio Braga offered a small lasagna with alternate layers of shrimp, pumpkin and truffle cream, accompanied by stuffed chard with a filling of barley risotto, porcini fungi and Parma ham. Applause. Then Francesco Carli introduced savory breasts of guinea fowl stuffed with ricotta and escarole, with small eggplant and endive pies; and lamb sirloin in herb crust in its own gravy with small vegetables. Pure delight. For dessert, the three chefs prepared together a large milfeuilles with Breton cream of soursop, assai coulis, a thin chocolate batter covered with buffalo ricotta and orange peels, and chilled bergamot-scented truffles. The wine chart was especially prepared by Danio Braga and the event became a Rio high-gastronomy feast, repeated at the 30-year anniversary of the hotel, this time with the presence of the present decade chefs, such the brilliant chef Alex Atala, who, with Chef Dominique Oudin, put together a delicious menu:

- *Scallops stuffed with horseradish, squid, and foie gras over Amazonian heart of palms with coral sauce.*
- *Mushroom consommé scented with forest and garden herbs*
- *filhote (fish) with tucupi and tapioca.*
- *Duck confit with water-yam purée and green Tabasco sauce.*
- *Banana and passion-fruit ravioli with tangerine sorbet.*

Looking at pictures of those glorious years, what comes to mind is, "We were so young! What audacity!" One dish, however, remains forever in the menu: stuffed sand perch with lobster mousse wrapped in puff pastry dough, with fake scales - Paul Bocuse's specialty. The dough preserves the fragrance of fish and stuffing, and maintains a certain degree of humidity, or else the fish would become too dry.

Dining at Le Saint Honoré is a welcome opportunity. The place has strength and energy, produces sparks, seduces, closes deals, and recycles people. For many years, the restaurant has been a center for Rio's social life. Many people have worked very hard to maintain the place, efforts were made on several fronts, and there were many significant moments. This book attempts to record some of this history, based on the testimony of people who were part of the adventure. Dominique Oudin's recipes are a trump for all those who enjoy cooking. We have also recorded here the famous white carrot mousseline with caviar, a gastronomic milestone by Laurent Suadeau, chef during the 1980's. All that remains is to quote scrivener Pero Vaz de Caminha: "In this land, if one plants anything grows... fecundity, abundance, fruits and vegetables never seen before anywhere." These were and are the dreamlike times of Rio de Janeiro. We live the dream of having Paul Bocuse within the reach of our palates. If anyone does not know what this means, come to the Rio de Janeiro Saint Honoré in order to enjoy and taste unique, delightful, superb moments.

DANUSIA BARBARA

THE EARLY TIMES

Saint Honoré's history begins in July 1979. That was when Oscar Ornstein, the charismatic Copacabana Palace Hotel public relations man during the 1940's, and extremely efficient PR for the Hotel Nacional during the 1970's, called me to say that chef Paul Bocuse would like to visit the Méridien, where I had started working a year before.

That first year in Rio had convinced me that only a well-known name from French cuisine would be able to firmly establish Le Saint Honoré, differentiating it from other restaurants in town. The presence of Paul Bocuse in Rio was a reward, an unexpected stroke of luck, which I should enjoy and take advantage of while it lasted. The strategy was simple. We had lunch in the Café de la Paix, and I offered a "French" menu with Brazilian products that Paul Bocuse did not know, such as for instance chayote. I tried to convince him that it would be fantastic to have his name associated to Le Saint Honoré. After lunch, we visited the restaurant and Bocuse said: "I can advise you, but it would be necessary to completely remodel the kitchen."

I explained the situation to our Sisal owners and to businessman Samy Cohn, who took the idea well. Now, I had to convince the Méridien. Negotiations were long but the project was finally accepted, and scheduled for 1979.

A comic detail: my good friend Zózimo, a star journalist in Jornal do Brasil at the time, had announced in his column the future creation and transformation of Le Saint Honoré, before the actual decision had been made. The Rio Palace (currently Hotel Sofitel), still under development, liked the idea and contacted Chef Gaston Lenôtre to create the Rio Pré-Catalan. Suddenly, we were in risk of losing the race. This was, however, the decisive argument that allowed us to go through with the Saint Honoré project – if the project did not come through, we would lose not only the window of opportunity, but would lose everything!

In early 1979, the restaurant and kitchen were completely remodeled. In the meantime, we almost lost Paul Bocuse's consulting, because he was tired of waiting for the restaurant to be ready. He said he could not wait that long, and that Roger Vergé, from Moulin de Mougins, was with him in the venture. At this point, I must say that I owe my wife acknowledgement and gratitude, because she was the one who convinced Bocuse not to leave us.

Discussions on the restaurant's organization, menus, and other aspects, were conducted with Roger Vergé and Patrick Lannes, the first chef of the new Le Saint Honoré. He arrived in Rio in July, to prepare the staff for an event unknown in Brazil - Paul Bocuse's nouvelle cuisine.

The opening date was September 4, 1979. Paul arrived on September 1, announcing that Roger Vergé could not be present. I was extremely disappointed. We had prepared an intensive marketing campaign announcing the presence of the two chefs. We had prepared a superb brochure with the two mythical French cuisine stars, and created a club called "the Knights of Le Saint Honoré." We had also written letters addressed to many local celebrities, signed by both chefs - disappointment aside, the operation was ready. We spent the night erasing Roger Vergé's name and sealing the menus with wax with the sole signature of Paul Bocuse. Two days before the opening, I set up a lunch to test the new menu, inviting José Hugo Celidônio, Zózimo, Renato Machado, and other well-known gourmets. Paul Bocuse's truffle soup remains in our memories to this day!

On September 4, we inaugurated the Le Saint Honoré with magnificence. All the jet set was there, headed by Carmen Mayrink Veiga, Josephina Jordan, Ary de Castro, Yvo and Marilu Pintanguy, the Monteiro de Carvalhos, the Marcondes Ferraz, Ruth and Samy Cohn, and so many others. Total success. In the first 24 hours, 180 people were served and Le Saint Honoré was launched, with a name that remains widely known to this day.

On the third day, a strong emotion. I received a call from a São Paulo lawyer saying, "You are improperly using Roger Vergé's name, who is involved in São Paulo with Hotel Maksoud, to create the sun cuisine."

It was clear that Zozimo's early announcement had provided our competition with new ideas. The lawyer declared his intention of suing us, but we finally managed to reach an understanding, after I promised to delete the name of Roger Vergé from all documents no later than in 30 days.

In those times, a handshake between two well-meaning people was enough to create a contract. There were no documents on the two great chefs' firm and final commitment to us. Therefore, with the matter settled, Le Saint Honoré started its journey through the gastronomic universe, with Paul Bocuse as the head figure. The journey also enabled the emergence of great chefs, such as Laurent Suadeau, who arrived in Brazil when he was only 21-years-old and is currently Brazil's greatest chef.

This is how the Le Saint Honoré began. A fantastic emulation was created, true artists demonstrated their talents, French products and techniques appeared, and Brazilian products were valued and appreciated. Le Saint Honoré was and continues to be the school that turned Rio into a wonderful and significant gastronomic reference.

ROBERT BERGÉ
Le Saint Honoré Former General Manager

PRESENT TIMES

Le Saint Honoré is much more than a sophisticated restaurant. It is a groundbreaking school, a pioneering place. Operating in the area of high gastronomy, it has brought *nouvelle cuisine* to Rio, and is currently investing in fashion fusion. I was present at its opening, and later I worked in other countries. I returned a few years ago, to take part in the construction of the present Le Saint Honoré, which entailed radical changes in the kitchen, dining hall and ambience. When I first arrived in Rio, I was looking for a young country, one with a future. I liked what I saw, there were opportunities here. At the time, French gastronomy held complete leadership worldwide, and Le Saint Honoré was, and continues to be, a significant point of reference. However, times have changed, and the restaurant evolved. Life conditions are different now, and people look for innovation when they go to a restaurant. It would not make sense to change the place inside out, but it must be kept updated, both daring and classical. Nowadays, new designs are much appreciated, and new dishes reflect this trend. Instead of heavy décor, the dining hall must offer sophisticated comfort. We are attentive to such facts, having changed what needed changing. The underlying product remains the same: good food, good service, and good ambience.

JACQUES LECOULS
Méridien General Manager

ONCE THERE WAS A GARAGE…

I wanted an elegant building, one which time would not erode. I found a hotel with a view on all four sides encompassing ocean, beach, mountains, and with both night and day luminosity. Marcos Tamoio used to say that it was nothing but "a huge spike, but, nevertheless, beautiful." I say it is an honest building, not a lie.

PAULO CASÉ

BRAZIL, LAND OF ACHIEVEMENT

This country has many riches besides its mineral or cultural resources. The Brazilian people are one of the most generous and welcoming peoples I have known. My first impressions date from 1976, when a Brazilian company asked my friend Roger Vergé and me about the possibility of practicing our talents in a new hotel in Copacabana. At the time, I was traveling in Brazil as a guest of the Ministry of Agriculture. Rio was the last city to be visited.

Roger Vergé had spoken of the city and mentioned meeting a young French couple, whose husband had been appointed director of the Méridien Hotel, in Copacabana. I decided to visit them, and met Robert Bergé and his wife Annette. It seems to be that in that meeting everyone immediately liked each other.

At the time, I had frequent contact with the president of the Méridien group, Mr. Marescot, who was instrumental in offering me the job of advising and assisting the Le Saint Honoré restaurant.

The great Brazilian adventure started when I set apart ten days a year to come to Rio and put together several well-attended gala dinners – Rio's high society was intent on being present. Robert Bergé, an extraordinary professional, assured the success of the events, introducing chic measures, harmonizing tables, conferring élan to those late diners – Brazilians love parties!

Each time I came, I could see that the quality of the products was better, as well as the service. I also watched the metamorphosis of the city and its surroundings. On Sundays, when the restaurant was closed, Robert usually organized an outing, sometimes a picnic, a lunch in Guaratiba, or a visit to Dr. Pitanguy's island, where appetizers and *caipirinhas* were offered until a typically Brazilian lunch was served and very much appreciated by guests and visiting celebrities. The Doctor would accompany us personally to Rio, on his plane, piloted by himself.

I have many memories of these trips, such as the changes in hotel directors, each one with a different personality and a different view of the country. One of the most outstanding memories concerns a waiter who, at each visit, had been promoted one step further. His name was Paulo and he eventually took charge of the kitchen that catered to the pool (at the time, the Le St. Trop restaurant). This waiter was a lovely person. He lived with his family in one of the slums on the city hills, where tourists were not supposed to go. We became friends and whenever I came to Rio I brought clothes that had belonged to my children and grandchildren to offer to his children when we went, accompanied by him, to visit the well-known slum. I do not remember having seen, in other parts of the world, as much kindness and solidarity as I saw among the slum's inhabitants. It was comforting to be there, to realize that human beings still had ethics, values, respect. At least in that community.

At that time, I made a point in keeping in good shape. Early in the morning, I would run on the beach for nine kilometers, before the sun became too hot. On returning, I had breakfast with my chef and other members of the staff, to set up the menu for that night and the required preparations.

Once I was in Rio during Carnival, and could observe the fever that seizes a whole people adept at appeasing with frenzy their love for music and dancing. Eddie Barclay, a great music lover, rarely missed this crucial event. However, this is a hard-working country, which pioneered many initiatives, such as the planting by Japanese immigrants of mini-vegetables and the green belt that surrounds the city of São Paulo.

The issue of natural products is also one of the strong points of this country, which exports several brands worldwide. And we must not forget Dr. Pitanguy, a great doctor who has done so much for aesthetics. To conclude - this nation has a huge population of young people, and their future should be great.

PAUL BOCUSE
Chef

BEFORE PAUL BOCUSE

I was born in Grenoble, and worked in different parts of the world before coming to Rio, in August 1975, to help set up Le Saint Honoré. Those were pioneering times: no elevators (the only elevator was for the use of bricklayers), going up and down stairs, bearing dust and discomfort, the building still a skeleton. Nevertheless, nothing disturbed us, because there was a strong team spirit, under the leadership of Jacques Carpentier, at the time the General Director. We felt we were making history. When preparing menus and dealing with the public, I found out that Brazilians eat double the meat portion required by an European, do not order entries, definitively want starters, will not accept the absence of rice in dishes, and appreciate extremely sweet desserts. Today, things have changed somewhat. From the 120 cookers that I called, only 40 turned up. I selected several of these and the first Le Saint Honoré brigade was formed. It was an adventure, a challenge, and it was great!

JEAN PAUL MICHAUD
First chef of Le Saint Honoré, before the times of Paul Bocuse

SHINING TO THE WORLD

When Mr. Paul Bocuse selected me, by indication of Roger Jaloux, to assist in the opening of the Le Saint Honoré, where Chef Patrick Lannes was already involved, I thought my stay would be a short one, because I had other plans.

The fact is that I could not imagine how much Le Saint Honoré would be a steppingstone to a life dedicated to gastronomy in Brazil and, additionally, how much happiness it would afford me, both in my personal and professional life.

Le Saint Honoré embodied one of the noblest pages of Brazilian cuisine, mostly due to a team unlike any other I have seen to this day. The hall was headed by a very competent Italian man called Polinelli, who spoke seven languages, and knew his area better than most. So much so, that Paul Bocuse invited him several times to be the maître of his French restaurants. The second maître, Mr. Oreste, was more discreet but also very skillful and dedicated to the customers, at a level hard to find nowadays. The restaurant's dining hall trained the best waiters of the 1970's and 1980's in Brazil.

We should not forget the Méridien's Foods & Drinks staff, acknowledged as the best in the chain, headed by the hotel director himself, Mr. Robert Bergé, and by people such as executive chef Patrick Blancard and pâtissier Philippe Brye, straight from the Fauchon, in Paris. Therefore, it should not be hard to understand why in 1984 Le Saint Honoré was elected one of the ten best restaurants in the world. In 1985, I went to New York, and I assure you that at that time our cuisine far surpassed the best that city had to offer.

I considered it to be a great privilege to be invited to head the Le Saint Honoré's cuisine in 1981, after chef Patrick Lannes left. I had a very good second chef, a young Brazilian cook who introduced me to local products, my friend Paulo Carvalho. I was then beginning to employ elements such as okra, pumpkin, jaboticaba fruit, cassava, and white carrot. This was the origin of several classic dishes in my cuisine, such as the white carrot mousseline with caviar or the green corn gnocchi. I worked in several gastronomic festivals with the presences of Paul Bocuse and Roger Jaloux, and started the Regional French Cuisine Weeks, each from a different part of France, such as Bourgogne, Mediterranean, Loire, etc. I am proud and happy to have worked in a house that supplied the Brazilian gastronomic history with the joy of being internationally acknowledged.

THE HAMBURGER…

On a Carnival night, Rio seethed. Eddy Barclay, a famous show-business manager who launched several French and international singers, arrived with a large party and called me to the bar. He introduced himself. I knew he was Paul Bocuse's friend and started to suggest menu dishes. After I said my piece, he said,

- Do you know what I would like to eat? Not anything you said. I would like a hamburger and fries.

I was astounded. Controlling myself, I replied,

- Certainly, I will see to it. Be assured that it will be the best hamburger of your life.

I served only the hamburger and fries, with improvised mayonnaise and catsup. Days later, newspapers and magazines were reporting the story.

THE PUMPKIN…

Another episode that remained in the Le Saint Honoré chronicles is the story of the pumpkin stuffed with veal and truffles that I created for a lunch of "Rio high-society ladies" of that time. Knowing that I was going to serve pumpkin, maître Polinelli protested vehemently arguing that in his land pigs were fed with pumpkins. I felt in a spot, there was no time to change my mind. I ordered that lunch be served. After lunch, when I entered the hall, Mrs. Laragoitti stood up and applauded. This made all the other ladies applaud too, saying how much they had enjoyed the food and praising the flavor. This was how in Le Saint Honoré pumpkin became a noble delicacy.

LAURENT SUAUDEAU
Chef

MAKING HISTORY

I arrived in Brazil in 1979, first steps in a completely unknown country. That year was a milestone in the art of living well and in Rio's gastronomy, mostly due to the opening of Le Saint Honoré under the leadership of the famous and starred chef Paul Bocuse.

The kitchen was headed by a young talent, Chef Laurent Suaudeau, my friend, partner, and compadre, one of the chefs who changed the course of culinary in Brazil.

The hall was headed by Maître Polinelli, a man of great competence, dedicated to his profession and to savoir-faire. The Director was Robert Bergé, a master in the art of hosting and receiving guests.

This was therefore a super-team, insuring the absolute success of the house. Today Le Saint Honoré is part of the gastronomic history and tradition of the city of Rio de Janeiro, for its courtesy, good taste, sophistication, perfection, luxury, and competence. An example for Brazilian culinary and for restaurateurs.

CLAUDE TROISGROS
Chef

A CULT FOR QUALITY

To speak of Le Saint Honoré is to speak of an essential place in the history of Brazilian gastronomy. I remember arriving in Brazil in the early 1980's. Those were difficult times, without appropriate raw materials, without noble meats, without seasonings. Hence the creativity of friend Laurent Suaudeau, at the time heading the restaurant. With Claude Troisgros and my Enotria, we made Rio a pole of gastronomic quality in Brazil. To each challenge, we responded by facing the obstacles head on, and achieved great results.

Several chefs succeeded each other on the podium of the 37th floor, faithfully maintaining the cult for quality, in one of the most successful endeavors of Master Paul Bocuse outside France. Elegance, sobriety, a magnificent view, attributes that will always evoke a postcard of a culturally rich Rio de Janeiro; a true gastronomic temple. Congratulations, Le Saint Honoré, for being here, in the Marvelous City!

DANIO BRAGA
Sommelier and Chef

THE FRENCH INVASION

I think that this country had a second French invasion. In the first one, Villegagnon came with weapons, and the second time the chefs brought pots and pans. The immense success of Le Saint Honoré started with Robert Bergé and Patrick Lannes, and other remarkable figures, such as the maître Polinelli and Chef Laurent Suaudeau. The fish fillet in crust and the truffle soup are memorable dishes, as well as the fantastically tasteful dessert - the passion-fruit gateau. It was due to the French that Brazilians came to appreciate this local fruit. Le Saint Honoré was a school that graduated many people who are still around, successful in their careers.

JOSÉ HUGO CELIDÔNIO
Sommelier and Chef

FABULOUS

The two years I spent in Rio were fabulous, fantastic! The team's sense of cooperation, the support of the hotel, all contributed to help. A warm colorful job, filled with many scents, a true reflex of the carioca soul. I would return to Le Saint Honoré's kitchens without hesitation.

BERNARD TROULLER
Chef

PATHS NEVER BEFORE TRODDEN

In my case, it was a double challenge. I had never worked with restaurant desserts (my experience was Fauchon, in Paris, and at the time, we had no restaurant) and was starting at the top: the Paul Bocuse gastronomic brand. I could not afford to make mistakes.

The experience was professionally significant. My name became known, because Le Saint Honoré was regularly in the media. Another stroke of luck was to work with great chefs, particularly Laurent Suaudeau, like a father to me, always encouraging. Le Saint Honoré represented my personal discovery of high gastronomy. Once I made white beans ice cream and no one could pinpoint what it was made of. The only person to figure out the mystery was journalist Danusia Barbara. Then I made a beans pie with white chocolate that became an instant success. It was also at the Le Saint Honoré that I launched my passion-fruit pie with seeds, very daring at the time. Le Saint Honoré was a place that allowed innovation.

PHILIPPE BRYE
Chef-pâtissier

A SPECIAL HUG!

I would define Le Saint Honoré as the forerunner of French cuisine in Rio de Janeiro. Happy moments? Many! Particularly when a found my best friend and present companion. As a cook, it was a great honor to be acknowledged by gourmets and by the many customers coming from all over Brazil to visit the famous restaurant. In addition, of course, to sharing daily life with the naturally creative Brazilians.

VINCENT KOPERSKI
Chef

I WAS A PART OF THE MYTH

Le Saint Honoré was, for many years, one of the best restaurants in Latin America. It was a myth, the high point of gastronomy. I deeply enjoyed having this job opportunity. Representing the restaurant, I traveled throughout Brazil, went to the Amazon, took part in festivals. Three and a half years filled with many good things.

PIERRE LANDRY
Chef

PRIDE AND JOY

It is a unique school, with much to teach. Nowadays, gastronomy operates much in the same way as fashion. The chef looks for trends, anticipates guidelines, and must remain attentive. However, with the foundation provided by Le Saint Honoré, the task becomes much easier. We love and respect our profession. We wear our smocks with pride and joy. When I was an intern in Lyon, France, in Paul Bocuse's establishments, I understood better how cuisine is a contemporary art form. As for the cultural differences between Brazilian cooks and French chefs, anything can be solved with solidarity. One for all and all for one, as the three Musketeers used to proclaim.

RENATO VICENTE
Current Executive Chef of the Méridien Hotel

DOUBLE BEAUTY

If there is room at all for the activity today, it is because they – Le Saint Honoré's chefs and team – broke ground for us. The restaurant is a reference point for my generation, the gastronomic origin of all. My own emotions are stirred just by being here, cooking at the festivities of the hotel's 30th anniversary. After all, the house bears the signature of Paul Bocuse, a strong, charismatic, powerful leader. In this house one tries to exponentially increase flavors, evoke knowledge and memory. Although my world is Brazilian, it draws on French sources. Rio de Janeiro also matters – after the emergence of Le Saint Honoré, I associate the city with the restaurant. They embody a double beauty.

ALEX ATALA
Chef

THE MAÎTRES

For many years, the dining hall benefited from the presence of two perfect maîtres: Innocenti Polinelli, an explosive Italian, attentive and irreprehensible in his profession. He spoke several languages, had catered to celebrities like Clark Gable, James Stewart and Yves Montand, as well as princes, kings, and presidents. He waged eternal warfare against excess weight, but succumbed before dishes prepared by Laurent Suaudeau and his followers. Not to mention the pasta he cooked so well.

The other maître, Oreste Delfino, also Italian, was discreet, silent, almost invisible, and very effective. One of them supervised the staff, phenomenally scolding anyone who did wrong, even if it was an inconspicuous detail. He knew by the waiter's gait if the man was good or not. The other arrived early in order to have the flower arrangements made, inspect towels, and get familiar with the menu. To Oreste, it was essential that the hall looked as beautiful as possible, the kitchen on its toes in efficacy, silverware shining, so that the night would be splendorous. He was exceedingly thin.

Both – each with his own style – were infallible. They conquered the hearts and minds of the public in a matter of minutes.

The current maître, Getúlio Batista Saraiva, came from their school. Having worked with the two Italians, he says he learned everything he knows from them. He was very proud when, at a certain point in time, Polinelli decreed that Saraiva was ready to replace him. A peasant's son, used to tilling the earth, Saraiva broadened his knowledge as much as he could, and became an expert in the art of dealing with customers' requests. Now, his auxiliary maîtres are Marcos Lúcio Martins and Inácio Vargas Neto. Marcos reminds us of Polinelli, and Inácio has Oreste's style.

ANA RIBEIRO, THE FIRST WOMAN

She brought a feminine touch to the restaurant, where she has worked for the last six years. Born to a poor family in Araçaí, in the Jequitinhonha Valley, she overcame all obstacles and became the first Brazilian woman to work in Paul Bocuse's kitchen in Lyon, France. She cooks superbly, serving customers with care and dedication. Even when someone requests, instead of menu dishes, a simple fried egg or a homemade soup, "like Grandma's", she goes into the kitchen and with great concentration prepares unforgettable fried eggs. Her dream was to work in Le Saint Honoré. She made it. Since then, she has been improving her knowledge as much as possible. She also has courage – two months after entering to the team, Chef Pierre Landry went off on holiday. She had to take it or leave it, face challenges and make herself obeyed. Ana Ribeiro did well, with honors. She likes anything, whether sweet or salty, a cocktail, an appetizer, or a major dinner. She prepares diaphanous cakes, delicate salads, vigorous meats, enchanting sauces, and unexpected dishes. In her free time, she listens to opera music. This is the current *Sous-Chef* of Le Saint Honoré.

LE SAINT HONORÉ RECORD OF ONE SINGLE NIGHT, IN 2002.

The pianist plays in a subtle, pleasant way. Service is attentive and the food great. The new Chef, Dominique Oudin, is a champion. We start with a *foie de volaille* parfait, accompanied by sweet and sour cucumber and a duck confit *bruschetta*. What may sound as a French crazy mixture turns out to be a delicacy, and appetites are aroused. Next is the choice between roasted red snapper with ginger sauce, duck with sweet almond sauce, scallops atop pumpkin blinis with caviar, crab with guacamole and grapefruit vinaigrette, seasoned guinea fowl with juniper and lentils, and warm pâté in puff pastry. For dessert, assai raviolis, guava gratin, and *mangaba* ice cream. The final touch: the chef himself arrives in the hall to prepare a tea with several seasonings and flavors, as customized as possible. Exceedingly good, a superb gift, unique in Rio de Janeiro.

A FULL EDUCATION

The Méridien, particularly Le Saint Honoré, are everything in my career. This is where I learned what a kitchen really is, from basics to sophisticated. When I was 15, I sold pots and studied to be an electrician. At 16, I wished intensely to work at Le Saint Honoré. I started washing dishes, passed to room service to set up sandwiches, and then worked for five years in the main kitchen, learning and preparing sauces. A complete education, with all the different techniques taught by more than ten chefs, with whom I was honored to work during the day and at night. From Sous-Chef of Laurent Suaudeau, I became Executive Chef and, in 1991, was transferred to the Bahia Méridien. Currently, I have an event planning and catering company. This is why I say that the Méridien was my gastronomy college degree.

PAULO CARVALHO
Chef

FROM APPRENTICE TO CHEF

I was introduced to Le Saint Honoré when I arrived in Rio from Venezuela, where I had taken part in a students and apprentices cuisine contest. At the time, the chef was Laurent Suaudeau, who advised me to apply for an internship in the Méridien, since I wanted to work in a large hotel, particularly one with such a praised and respected kitchen. After four months of internship, I was hired as kitchen help, but in the main kitchen, because there were no vacancies in Le Saint Honoré.

I worked in the Café de La Paix and in the St. Trop for several years, and only managed to reach the 37th floor (where Le Saint Honoré is located) in 1988, headed at the time by Bernard Trouiller, who was about to leave. The atmosphere was tense. Chef Bernard was nervous and demanding, and I presume that a comparison with former chef Laurent Suaudeau was inevitable, since their two cuisines were very different, each with its admirers. However, the period of Laurent Suaudeau was extremely important for Rio's gastronomy, since he valued our products and taught us how to use them in innovative ways.

After Bernard left, Vincent Koperski came, the man who, after Laurent, better represented Paul Bocuse in Brazil. Vincent was serious, hard working, and demanding. He was young, born in the north of France to a Polish family. He had never left France before. He won countless contests, loved to take pictures of dishes, was very organized and a great cook. We prepared several well-attended festivals in the Le Saint Honoré, including a few with the presence of Paul Bocuse and Roger Jaloux.

In 1990, the restaurant closed for remodeling and I was sent to France for an internship of four months in Collonges au Mont D'Or. I found out in Lyon, in Paul Bocuse's house, what a 'restaurant business' was all about. It was my first contact with a company itself, with purchasing procedures, media details, use of new products, employer-employee relationships, European social stratification, etc. I also found out that, considering the different contexts, Le Saint Honoré was a champion, or, in other words, had topmost quality, due to its staff (all Brazilians), raw materials, manipulation techniques, and premises. In short, a great restaurant.

I cannot avoid mentioning maître Polinelli, an essential figure in this description. I saw customers leave when hearing that Polinelli was on his day off! He knew well French and international classic cuisine, had a prodigious memory, and a complex personality. He was also a connoisseur of good wines.

MILTON SCHNEIDER
Former Le Saint Honoré Sous-Chef

AN AFFECTIONATE GIFT

To be the present chef of Le Saint Honoré means developing the legacy left by my predecessors. To be a French chef in a foreign country means more than commanding a kitchen – it means conveying savoir-faire, methods, and a French working attitude, while adapting to the country's cultural characteristics.

Since I arrived here, four years ago, I can see that things have changed. Now, many artisans, suppliers, and distributors understand that each chef has a different cuisine and looks for particular and specific products. These people have made a great effort to meet the expectations and desires of each chef. Kitchen supplies have also improved, with up-to-date machinery, including domestic items. Moreover, the motivation that makes people want to work in Le Saint Honoré remains intense. It continues to be a wonderful school.

Le Saint Honoré was an affectionate gift from Paul Bocuse and the Méridien to the *cariocas*. The city is beautiful, magic, and the French enjoy it very much. We try to give the best we have – our gastronomy. Brazilians appreciate it – a house that evokes dreams, where people come and go, and special moments are celebrated with family or friends.

I work so that my cuisine will reflect the image I perceive, filled with discoveries, flavors, and emotions. Brazil has a wealth of products, scents, and flavors, with fruits, greens, vegetables, and fishes unknown in Europe. These are my sources of inspiration. Food by itself is not all; it acquires charm after the cook works with it. I would give the following example: if we use a raw unseasoned lamb steak, it does not taste so good. If we season it with salt, pepper, and thyme, we have an image of Provence in our spirit. If the same steak is cooked in curry, we evoke India, and if we use sesame, saffron, and cinnamon, we have Tahini. Only after the cook's intervention, a product conveys emotions and cultural references.

I appreciate dish presentation, since it represents the first contact with the customer. I like when they compare my dishes to paintings. And I am exceedingly happy when they say that tasting my preparations is a unique moment.

To direct my research, I was lucky to have the support and the help of my Sous-Chef Ana Ribeiro who, thanks to her mastery of both French and Brazilian culinary culture, introduced me to products such as the *souari* nut, *ora-pro-nóbis*, assai, Barbados cherry, and many others.

DOMINIQUE OUDIN
Current chef of Le Saint Honoré

RIO, CAPITAL OF THE FRENCH

The French portion of the Brazilian Imperial Family was the onset of a history filled with affinities that Rio de Janeiro accumulated over the centuries, making the city the eternal capital of the French in these Atlantic lands.

Up to a certain point in time, Rio displayed a Parisian accent in architecture, dressing, and particularly around stoves, when celebrating sophisticated cuisine in hotel restaurants and private houses

There were also the bistros, authentic and cozy, which had their glorious years when the city lived the splendor of being on the route of international society. Decades later, hues of blue, white, and red again colored Rio de Janeiro cuisine, with the welcome initiative of the Méridien Hotel in hiring the expertise of Chef Paul Bocuse, who at the time stunned the gastronomic world with his rebellious and ephemeral nouvelle cuisine. His undeniable talent made him select and train, as he still does, all of the cooks who in the future would be in charge of Le Saint Honoré's kitchen, the hotel's culinary locomotive.

I do not think that any culinary consultancy, which usually yields irregular results, was as successful as this one, in 25 years.

To prove my point, the best thing is to name the people who made it work. Among many, Laurent Suaudeau, who still bears the title of best cook ever.

He imprinted in the gastronomy of Le Saint Honoré's an aura of quality, and the city still misses him. Before Laurent, there was Patrick Lannes, who inaugurated a new lineage, surprising Rio with flavors that were creative and innovative to the customers of that time. Among the several chefs that later succeeded each other, the Bocuse style persisted and the restaurant remained in the top tier.

Today, confirming the rule, the talents of Dominique Oudin represent another celebrated recommendation of that great school.

Therefore, cheers, and long live Le Saint Honoré!

RODOLFO GARCIA
Food Critic

HISTORICAL DATA

With fireworks, lights and much expectation, on October 15, 1975, the Copacabana Méridien Hotel was inaugurated.

At the top, on the 37th floor, sparkled one of the most precious hotel gems, the restaurant Le Saint Honoré[1], under the command of Chef Jean Paul Michaud. Classic French cuisine. The décor, by Gilles Jacquard and Silvio Dodsworth, highlighted the view to the ocean, dazzling by day and romantic on moonlight evenings.

On September 4, 1979, the restaurant became part of the Paul Bocuse brand. Pearls and cupolas appeared over the tables, creating niches where people felt cozy, in an elegant ambiance. Heading the kitchen, Chef Patrick Lannes. The re-inauguration, an unforgettable night, started the trajectory that turned Le Saint Honoré into a milestone of Brazilian gastronomy.

On March 1, 1980, Laurent Suaudeau took over as chef, investing in the creation of absolutely delicious dishes. He transformed the difficulty of finding products into a trump: he worked with local products and encouraged the market to offer more and better products. He succeeded. A gastronomic revolution. Going to Le Saint Honoré became an essential event. At the time, the restaurant opened for lunch and dinner, always full, with its hundred-odd places always disputed. Among the culinary highlights, white carrot mousseline with caviar.

On August 1, 1986, Bernard Trouiller became chef, still at the height of the nouvelle cuisine period, showing versatility in dishes such as boiled crawfish with artichoke hearts.

On December 5, 1988, Chef Vincent Kopersky arrived, a genius in dish composition and slightly shy in the hall. He served, among others, roasted steak *a la moelle*, slipper lobster *chausson*, and roasted sea bass with two sauces. Presently, Vincent is Executive Chef in Georgia, USA.

On September 27, 1990, the restaurant opened again, after eight months of substantial hall remodeling. The décor was signed by architect Chicô Gouvea. Pearls were gone, the number of places was reduced to seventy, but the sophisticated, classy, unique ambiance was maintained. The light blue ceiling with diaphanous clouds provided an aura of joy. There were stripes and plaid patterns in the chairs, in white, yellow, and black. The mirrors were ornamented with the melancholic face of a girl (would it be Alice in Wonderland? A contemporary Mona Lisa?)

On July 22, 1991, Bocuse sends a new chef: Michel Augier, quiet and discreet, winning the customers with simple tasteful dishes, such as shrimp fricassee with mango chutney on pasta.

On March 1, 1997, the jovial Pierre Landry arrives. Fascinated by Amazonian products, he created dishes with fishes, fruits and seasonings unknown until then, all cooked with the support of French techniques. Among his hits, we have speckled catfish with passion-fruit sauce, and fried julienne of leek and ginger. For dessert, a chocolate and assai symphony.

On July 4, 2001, Dominique Oudin becomes the new chef of Le Saint Honoré. Adept at fusion cuisine, he surprises with mixtures, aromas, and spices in an intriguing balance of flavors: some of his creations are the salmon and anchovy mil-feuilles with three peppers, and truffled veal roulade with vegetables in pot-au-feu.

On June 13, 2004, a drastic remodeling – the use of kitchen and hall space are dramatically changed, as well as their ambiance and spirit. According to architect Janete Costa, "We demolished everything. Not even the wiring was spared." Dominique Oudin's menu is now in accordance with contemporary trends, with increasingly exclusive and different dishes in three dimensions. A new chapter has begun.

THE GREAT CLASSICS OF PAUL BOCUSE AND THE FRENCH CUISINE

Entrées

Consommé de Volaille au Parfum de Truffes
Chicken Consommé Scented with Truffles

FOR THE STOCK: 60 ml olive oil, 1 kg lean beef (shoulder, tail), 500g chicken, 25g garlic, 100g onion, 200g leek, 200g carrot, 1 bouquet garnim, 2g coarsely crushed white pepper, 2 cloves
FOR CLARIFICATION: 1 kg lean beef (shoulder, tail), 50g carrot, 100g leek, 300g tomato, 50g parsley and tarragon sprigs, Salt to taste, 2 egg whites per liter of stock
TO GARNISH: 20g chopped truffles, 100g fish mousse, diced, 100g sliced shiitake mushrooms, 100g foie-gras terrine, diced, 100 ml Nolly Prat vermouth, 50 ml white truffle oil, 2 fresh tarragon sprigs, 300g of puff pastry, 2 egg yolks for brushing
NECESSARY UTENSILS: Strainer, meat grinder or food processor, bowl, brush
YIELD: 4 servings

PREPARATION OF STOCK:
1. In a skillet, heat olive oil, cook beef and chicken.
2. Add the remaining ingredients, cover with water, cook for one hour.
3. Strain and cool the stock. Set aside.

CLARIFICATION:
1. Grind beef and vegetables.
2. In a bowl, combine the ground beef and vegetables, plus the tarragon, with the egg whites, and then emulsify*.
3. Mix the clarification with the cooled stock and heat slowly. Stir so that egg yolks do not coagulate. When it boils, stop stirring, and cook for another 40 minutes over low heat.

PRESENTATION:
1. Place 1 tablespoon of garnish in each bowl, 1 tablespoon of Nolly Prat, 1 teaspoon of white truffle oil and five tarragon leaves, chopped.
2. Add the consommé and cover with puff pastry. Brush with egg yolk. Place in oven (180°) for 15 minutes.
3. Serve hot.

Escargots en Coquilles au Beurre Persillé
Escargots in Coquilles in Parsley Butter

FOR THE ESCARGOT BUTTER: 24 cooked escargots, 80g parsley leaves, 8g salt, 3 peeled garlic cloves, without the germ, 1 anchovy fillet, 300g butter, at room temperature, 3g ground white pepper, 24 escargot shells
FOR THE COARSE SEA SALT SUPPORT: 500g coarse sea salt, 4 egg whites, 150g flour
TO GARNISH: 500g washed green leaves, 30 ml vinaigrette
NECESSARY UTENSILS: Paper towels, blender, 3-cm high and 3.5-cm wide cutter or tube, baking sheet
YIELD: 4 servings

PREPARATION OF ESCARGOT:
1. Wash the escargots and dry in paper towel.
2. Place parsley, salt, garlic, and anchovy fillet in the blender. Add butter and blend well, until smooth and creamy. Add pepper.
3. Put escargot butter on each shell. Introduce the escargots and cover with the remaining butter.

FOR THE COARSE SEA SALT SUPPORT:
1. In a bowl, mix the coarse sea salt, egg whites, and flour. Using a tube cutter, mold 24 salt supports.
2. Bake in oven for 20 minutes.

PRESENTATION:
1. Arrange the supports on plate with heated shells on top.
2. Serve with salad, seasoned on the side with vinaigrette.

Mousseline de Pomme Baroa au Caviar
White Carrot Mousseline with Caviar
By Laurent Suaudeau

200g washed and peeled white carrot, 300g heavy cream, Salt, freshly ground black pepper, and nutmeg to taste, 3 tablespoons butter, 40g caviar
NECESSARY UTENSILS: Strainer or potato ricer, mixer
YIELD: 4 servings

PREPARATION:
1. Cook white carrot in boiling water with salt.
2. When cooked, drain, and strain or mash.
3. In a pot, pour heavy cream, seasoned with salt, pepper, and nutmeg, and bring to a boil.
4. Remove from heat, and slowly fold in mashed potatoes, beating with a mixer until mousseline is achieved (very light mashed potatoes).
5. Finally, add butter.
6. Place mousseline in individual bowls and adorn with caviar in the center.

Main Dishes

Traditionnel Filet de Mérou en Croûte Feuilletée, Sauce Choron
Traditional White Grouper Fillet in Puff pastry Crust, Sauce Choron

FOR THE FISH MOUSSE: 200g heavy cream, 200g chopped fish, slipper lobster, etc., 10g salt, 2g black pepper, 2g pistachio, 2g nutmeg, 10 coriander leaves, 10 tarragon leaves
FOR THE CHORON SAUCE: 1 onion, 50 ml tarragon vinegar, 30 ml white wine, 2 tablespoons chopped tarragon, 2 pinches white mignonette pepper, Salt to taste, 3 egg yolks, 1-teaspoon water, 125g clarified butter*, 50 ml coarsely chopped tomatoes (reduced* to 2 spoons of tomato purée)
FOR THE WHITE GROUPER: 1.2kg puff pastry dough, 1 white grouper fillet (700 g) cut in 40g slices, Salt and black pepper to taste, 1 egg yolk to brush
NECESSARY UTENSILS: Meat grinder, food processor, piping bag, baking plaque, brush
YIELD: 4 servings

PREPARATION OF FISH MOUSSE:
1. Chill processor bowl and heavy cream for 10 minutes in the freezer.
2. Grind chopped fish, put in processor, and blend with seasonings.
3. Slowly add cream. Check the consistency of the mousse and add pistachio, nutmeg, and minced herbs.

PREPARATION OF CHORON SAUCE:
1. Put onions, vinegar, wine, tarragon, pepper, and salt in a pan. Reduce the liquid to 1/3. Set aside to cool.
2. During reduction, add egg yolks, 1 teaspoon water, and emulsify* over low heat or in a double boiler (bain-marie)*, until creamy.
3. Remove from heat, slowly add clarified butter*, then add the tomato purée, and set aside.

PREPARATION OF WHITE GROUPER:
1. On a baking plaque, arrange one sheet of puff pastry dough, one fish slice, 1 tablespoon of mousse, one more fish slice, another tablespoon of mousse, and a third fish slice.
2. Brush fish with egg yolk and cover with another sheet of puff pastry dough.
3. With a thin knife, draw the fish, with fins. Brush fish with egg yolk and draw the scales with a piping bag.
4. Bake at 180° for 17 minutes, on baking plaque.

Roger Barbet en Écailles de Pommes de Terre Croustillantes
Red Mullet in Potato Crisp Scales

FOR THE RED MULLET: 4 red mullets 300g each, 400g potatoes peeled and cut in 1-mm round slices, 10g of clarified butter, 1 egg yolk, 120ml olive oil
FOR THE SAUCE: 80g chopped onions, 240ml white wine, 240ml Nolly Prat vermouth, 40ml heavy cream, Salt and pepper to taste, 40g minced basil
TO GARNISH: 50ml olive oil, 30g butter, 100g morel mushrooms, 1 bunch fresh asparagus
NECESSARY UTENSILS: Piping bag with 18-mm tip, colander, brush, baking sheet, nonstick skillet, blender or mixer, strainer.
YIELD: 4 servings

PREPARATION OF MULLET:
1. Clean all mullets and remove fish bones.
2. With an 18-mm piping bag tip, cut potatoes in disks.
3. In a pan with cool water, bring to a boil for 10 seconds.
4. Drain and sauté potatoes in clarified butter.
5. Arrange mullet fillets in baking sheet. Brush with egg yolk and arrange potato slices from tail to head. At the end, brush all potato scales with clarified butter.* Set aside.

PREPARATION OF SAUCE:
1. Cook onions with wine and vermouth. Reduce* to half.
2. Add heavy cream and reduce again. Season with salt and pepper and add basil.
3. Leave in infusion for 5 minutes.
4. Beat in blender or mixer, and strain.

PREPARATION OF VEGETABLES:
1. Sauté morel mushrooms and fresh cooked asparagus in olive oil

PRESENTATION:
1. Drizzle sauce at the bottom of each plate
2. Arrange mullets and vegetables.

Steak au Poivre, Gratin the Deux Racines
Steak with Pepper Sauce, Two-Root Gratin

FOR THE STEAK: 4 150g filet mignon tournedos*, 100g crushed black pepper, Olive oil and butter to taste
FOR THE SAUCE: 50ml brandy, 100ml white wine, 400ml beef stock (recipe on page 172), 50g butter
FOR THE TWO-ROOT GRATIN: 500g potatoes peeled and cut in thin slices, 1 celeriac peeled and cut in thin slices
FOR THE SALAD: 1 peeled seedless tomato, diced, 1 small celery stalk, cooked al dente*, diced, 10 ml of extra-virgin olive oil, 1 teaspoon of minced chives
NECESSARY UTENSILS: Strainer, colander, skimmer, rectangular baking sheet
YIELD: 4 servings

PREPARATION OF STEAK:
1. Coat all sides of tournedos with pepper. Press lightly with the hands to imbed pepper in the steak.
2. At serving time, pour a streak of olive oil and 1 tablespoon butter in a skillet, frying both sides of the

Le Saint Honoré 163

steaks. When cooked, remove fat to make the sauce.

PREPARATION OF SAUCE:
1. Deglaze* the skillet where the tournedos were fried with brandy. Flambé (ignite the brandy)*. Add white wine and reduce*.
2. Add beef stock and reduce again.
3. Finally, add butter to sauce and adjust seasoning.

PREPARATION OF THE TWO-ROOT GRATIN:
1. Place potato slices and celeriac in a sieve with coarse sea salt. Mix well and set aside for 10 minutes.
2. Meanwhile, reduce cream, milk, and garlic in a pan.
3. Drain potatoes and celeriac, pressing to remove water completely.
4. Remove garlic from the cream and add potatoes and celeriac. Season with pepper and nutmeg.
5. Remove potatoes and celeriac with a skimmer and arrange on a greased rectangular baking sheet. Add enough heavy cream to cover potatoes and celeriac.
6. Bake at 180° for 45 minutes.

PREPARATION OF SALAD:
1. At serving time, mix the two vegetables with olive oil and minced chives.

PRESENTATION:
1. Place a steak in the center of each plate, and drizzle sauce.
2. Place two chunks of hot gratin besides the steak and serve with salad on top.

Desserts

Crème Brulée à la Vanille
Vanilla Crème Brulée

1 vanilla bean, 4 egg yolks, 100g sugar, 200ml milk, 250ml heavy cream, 30g
NECESSARY UTENSILS: Electric mixer, strainer, 4 ramekins, kitchen blowtorch.
YIELD: 4 servings

PREPARATION:
1. Cut the vanilla bean lengthwise and scrape off seeds.
2. In a bowl, beat egg yolks with sugar
3. Add vanilla seeds and milk. Beat again, adding cream. Strain.
4. Pour the cream into the ramekins. Bake at 100° for 45 minutes, in a double boiler (bain-marie)*. Turn oven off and leave at rest for 30 minutes. The cream will be cooked if the baking sheet is shaken and the cream quivers firmly. Set aside for one hour.
5. At serving time, sprinkle brown sugar and caramelize*, with a salamander or adequate kitchen blowtorch. The crème brulée may be served with ice cream on top or by the side.

Soufflé Chaud au Grand Marnier
Warm soufflé au Grand Marnier

FOR THE CONFECTIONER'S CREAM: 6 egg yolks, 125g confectioner's sugar, 100g flour, 500 ml milk, 1 vanilla bean cut lengthwise
FOR THE SOUFFLÉ: 240g confectioner's cream, 100ml Grand Marnier, 8 egg whites, 125g sugar
NECESSARY UTENSILS: Electric mixer, strainer, spatula, ramekins
YIELD: 4 servings

PREPARATION OF CONFECTIONER'S CREAM:
1. In a bowl, mix egg yolks and 1/3 of confectioner's sugar, beating until creamy. Add flour.

2. Warm milk with remaining sugar and the vanilla bean. When milk is about to boil, strain over the egg mixture. Cook the cream, stirring continuously. Boil for 2 minutes and set aside.

PREPARATION OF SOUFFLÉ:
1. In a bowl, mix 2 tablespoons of confectioner's cream with 1 tablespoon of Grand Marnier for each serving. Mix well.
2. In another bowl, beat the egg whites until frothed, add sugar, and continue beating.
3. With an electric mixer, mix 1/3 of frothed egg whites with confectioner's cream and carefully, with a spatula, fold in remaining frothed egg whites.
4. Grease the ramekin with butter, sprinkle with sugar, and fill with soufflé batter. Bake in the oven at 190°, in a double boiler, for 8 to 10 minutes.
5. Serve immediately.

PRESENTATION:
1. At serving time, make a hole in the middle of the soufflé and pour in the remaining Grand Marnier.

Saint Honoré
Saint Honoré Cake

FOR THE SABLÉ DOUGH: 100g butter, 65g sugar, 20g almond flour, A dash of salt, 1 egg, 1/2 vanilla bean, 170g flour
FOR THE CHOUX PASTRY DOUGH: 125g water, 125ml milk, 100g butter, 2g salt, 6g sugar, 150g flour, 4 eggs, 1 egg yolk to brush
FOR THE ORANGE CHIBOUSTE: 80g egg yolks, 120g sugar, 20g cornstarch, 240ml milk, 20ml orange juice, 4 sheets of unflavored gelatin, 30g of orange comfit peels, 30ml water, 130g egg whites
FOR THE CHANTILLY: 10 sheets of unflavored gelatin, 25g of sugar syrup (recipe on page 172), 250ml heavy cream
FOR THE CARAMEL: 50ml water, 200g sugar
NECESSARY UTENSILS: Electric mixer, cutter, cookie sheet, whisk, rubber spatula, piping bag with 1-cm tip, brush, Saint Honoré tip, baking sheet, serving dish.
YIELD: 4 servings

PREPARATION OF SABLÉ DOUGH:
1. Beat butter in mixer, until thick and glossy (like ointment).
2. Add sugar, almond flour, salt, egg, and vanilla. Continue to beat and slowly fold in the flour.
3. Chill in refrigerator for two hours.
4. After this time, open dough with rolling pin and cut a 20-cm diameter circle.
5. Place on cookie sheet and bake at 170°, for approximately 15 minutes.

PREPARATION OF CHOUX DOUGH:
1. In a pan, boil water, milk, butter, salt, and sugar.
2. Remove from heat and add the flour all at once.
3. With a whisk, mix until smooth.
4. Heat mixture again, and with a rubber spatula mix until dough dries. Dough will be ready when it does not give in when pressed. Add the eggs, one at a time, and mix well.
5. Fill a piping bag with dough and, with a 1-cm tip, make a 20-cm diameter crown, with the choux puffs covering the crown.
6. Brush with egg yolks both the puffs and the crown and bake at 200° for 20 minutes, and then for 5 minutes, with oven door slightly open to let steam out.
7. Dough will be ready when dry and firm.

PREPARATION OF ORANGE CHIBOUSTE:
1. In the electric mixer, beat egg yolks with 30g sugar

and cornstarch until a thick ribbon falls when attachment is lifted.
2. Bring milk to a boil and pour over the mixture, in low heat, stirring until thick.
3. Warm up orange juice and add gelatin, previously softened in chilled water and squeezed to remove excess water.
4. Mix everything and add orange comfit* peels.
5. Cook remaining sugar with water to make syrup, at a 120ºC temperature.
6. Beat egg whites until they froth and baste with sugar syrup, slowly, making a meringue. Beat until cool.
7. Mix meringue with orange cream and set aside in baking sheet.

PREPARATION OF CHANTILLY:
1. Dissolve previously softened and squeezed gelatin in the syrup.
2. Beat heavy cream until firm and add the syrup.

PREPARATION OF FUDGE:
1. Place water and sugar in a pan. Bring slowly to a boil.
2. If necessary, remove foam and clean the pan's rim with a brush dipped in chilled water.
3. When sugar begins to brown, remove from heat.

PRESENTATION:
1. Arrange Sablé dough on a serving dish, and top with the crown, using caramel (fudge) as glue. On the crown, arrange the choux puffs, also glued with fudge.
2. In the center, place the orange chibouste disk.
3. Finally, ice the entire cake with Chantilly, with a piping bag and a Saint Honoré tip.

LES DECOUVERTES PARIS–RIO
THE PARIS–RIO DISCOVERIES
DOMINIQUE OUDIN

Canapé Bar
Canapé Appetizer

FOR THE FRIED BREAD CRUST: 200g French bread dough, Flour to sprinkle, 1 teaspoon sweet paprika, 1 teaspoon green anise, 1 teaspoon sesame, 500ml clarified butter, Salt to taste
FOR THE CUCUMBER SOUP: 2 Japanese cucumbers, 7 minced mint leaves, 7 minced coriander leaves, 1 tablespoon sherry vinegar, 2 drops Tabasco, 30g diced goat cheese, 1 finely diced peeled tomato
FOR THE EGGPLANT BORSCHT: 250g eggplant, 100ml light or dark chicken stock (recipe on page 172), 100 ml balsamic vinegar, 20ml extra-virgin olive oil, 1/2 diced green apple
FOR THE MARINATED OLIVES: 250g black olives, 500ml extra-virgin olive oil, 1 garlic clove, 1 bird pepper, Juice of 1/2 lemon and grated peel, 1 rosemary sprig
NECESSARY UTENSILS: Blender, paper towel
YIELD: 12 servings

PREPARATION OF FRIED BREAD CRUST:
1. Divide the French bread dough into three portions. Sprinkle flour on the table and open each of the three portions in a 3-mm thick rectangle.
2. Sprinkle paprika on the first portion (surface only). Fold and cover dough with paprika. Open again to a 3-mm thickness and refrigerate for 30 minutes. Repeat the operation with green anise and sesame. Then, cut seasoned dough in 12-cm x 0.5 cm strips.
3. Put clarified butter in a skillet and fry 10 bread strips at a time, trying to maintain them as straight as possible. When brown, remove and place on a paper towel. Sprinkle with a dash of salt.

PREPARATION OF CUCUMBER SOUP:
1. Peel cucumbers, remove seeds and dice 1/4 of the cucumbers.
2. In a blender, beat the remaining cucumbers until a smooth soup is obtained. Add mint, coriander, sherry, and Tabasco. Finalize with the goat cheese cubes, tomato, and cucumber.

PREPARATION OF EGGPLANT BORSCHT:
1. Wash eggplants and cook unpeeled for 1 hour.
2. Peel and beat in blender. Add chicken stock and vinegar, and emulsify* with olive oil. At serving time, add green apple.

PREPARATION OF MARINATED OLIVES:
1. Soak olives in water and wash.
2. In a skillet, pour a streak of olive oil and brown garlic with rind. Marinate* all ingredients for 4 days, soaked in olive oil.

PRESENTATION:
1. Serve sauces in small bowls with fried bread sticks and drained olives on the side.

Entrées

Duo de Foie Gras et Cajou, l'un en Mille-Feuille, l'autre Poêlé
Duo of Foie Gras and Cashew, one in Mille-Feuille, the other Roasted

FOR THE FOIE GRAS AND CASHEW MILLE-FEUILLE: 3g sugar, 10g salt, 3g ground star anise, 4g white pepper, powdered, 3g hamburger, 4 small cashews, 1 foie gras piece, approximately 550g, 100 ml clarified butter (recipe on page 172)
FOR THE CASHEW PLUM: 4 cashews, 1 5-cm cinnamon stick, 1 star anise, 1 cardamom seed, 30g confectioner's sugar
TO GARNISH: 4 thin slices of whole bread, 1 bunch of arugula
NECESSARY UTENSILS: Nonstick skillet, plastic wrap, cutter
YIELD: 4 servings

PREPARATION OF FOIE GRAS AND CASHEW MILLE-FEUILLE:
1. Mix sugar, bread, anise, pepper, and cinnamon
2. Cut each cashew in 4 slices and discard lower slice (on the stalk side)
3. Cut 4 70-g slices of foie gras and 8 thinner slices, of approximately 30g.
4. Heat a nonstick skillet with a streak of clarified butter (approximately 60g). Season cashew with 1/4 of the spices mix (see step 1). Cook cashew slightly.
5. Heat another skillet, season the 8 foie gras slices (30g) with the remaining spices mix, and cook.
6. On plastic wrap, assemble the cashew mille-feuille: place the smallest cashew slice in the center of the wrap. Arrange on top one slice of foie gras, another cashew slice, another foie gras slice, and finalize with the cashew slice that holds the nut. Press plastic wrap firmly and repeat the operation for each mille-feuille. Store in refrigerator for 12 hours.

PREPARATION OF CASHEW PLUM:
1. Peel cashews and squeeze them slightly.
2. Remove 1 cm on the stalk side. Arrange cashews in one single layer in a pan, heat, add cinnamon, anise, cardamom, and sprinkle with sugar.
3. Cook in low heat until caramelizing* starts. Switch to low heat and continue cooking for one hour.
4. Let rest until cool, and repeat 10 times, adding drops of water if necessary, until a dark plum color is achieved.

PRESENTATION:
1. With a cutter, cut the whole bread in disks 4-cm wide and 1.5-cm high. Brown in toaster or oven.
2. At serving time, season 4 slices of foie gras with the remaining 70g of salt and pepper, and cook in hot nonstick skillet.
3. In one side of each plate, arrange the cashew mille-feuille and on the other side place toast and one slice of cashew plum. Cover with an arucula leaf and the roasted foie gras slice. Drizzle the plate with the cashew plum gravy.

NOTE: The recipe for the cashew plum was provided by Ana Ribeiro, my Sous-Chef, a great connoisseur of Brazilian cuisine.

Effeuillé de Morue, Oeuf Poché, et Croustillant de Banane
Shredded Cod, Poached Egg and Banana Chips

FOR THE COD: 1 liter milk, 250ml heavy cream, 1 star anise, 1kg desalted* cod fillet, 1 liter olive oil, 4 garlic cloves, 1 bouquet garni*
FOR THE HERB SAUCE: 1/2 watercress bunch, 1/2 parsley bunch, 1/2 basil bunch, 150ml extra-virgin olive oil, 1 minced garlic clove
FOR THE MARINADE*: 1/2 red bell pepper, 1/2 green bell pepper, 10 black olives, 20 basil leaves, 100ml extra-virgin olive oil
FOR THE POACHED EGGS: 1 1/2-liter water, 5ml white vinegar, 4 fresh eggs
FOR THE BANANA CHIPS: 2 lady's finger bananas, 500ml soy oil, Salt to taste
TO GARNISH: Dash of crushed black pepper, 4 fresh flowers (for decoration)
NECESSARY UTENSILS: Blender, scissors, paper towel
YIELD: 4 servings

PREPARATION OF COD:
1. Bring milk, heavy cream and star anise to a boil. Remove from heat, soak the cod in the mixture, and set aside for 20 to 30 minutes.
2. In another pan, place olive oil, garlic and bouquet garni* to warm in low heat (the temperature is right if you can put a finger in the olive oil without getting burned).
3. Remove cod from mixture and place it in the pan for 20 minutes.

PREPARATION OF HERB SAUCE:
1. Wash and remove leaves from bunches.
2. Cook the leaves in boiling water for 20 seconds, and chill in cold water.
3. Dry leaves and beat in blender with olive oil and garlic. If sauce is too thick, add a little water. Set aside.

PREPARATION OF MARINADE:
1. Peel and dice bell peppers.
2. Cut olives into the same size.
3. Mince basil leaves and mix all the ingredients with olive oil.

PREPARATION OF POACHED EGGS:
1. Bring water and vinegar to a boil in a large shallow pan.
2. Crack eggs open keeping each one separate.
3. Lower heat, and with a whisk rotate the water. Carefully drop the eggs, one at a time, in the center of the pan, and simmer for approximately 2 minutes, to taste.
4. Remove eggs carefully and place in a chilled water container. With scissors, remove excess egg whites. Set aside.

PREPARATION OF BANANA CHIPS:
1. Peel bananas and slice lengthwise, as thin as possible.
2. In a pan heat oil to 160°.
3. Fry the bananas until brown. Remove, dry with paper towel, and sprinkle with salt.

PRESENTATION:
1. With a teaspoon, separate cod chunks. Pour marinade over cod and marinate* for 10 minutes.
2. In the center of each plate, arrange cod chunks alternating with banana chips, and drizzle around with herb sauce.
3. Reheat eggs for 20 seconds in hot water, dry in paper towel and set atop cod.
4. To finish, add pepper and sprinkle with flower petals and herbs.

Tranche De Foie Gras De Canard Rôti, Ananas Confit Aux Poivres
Slice of Roasted Foie Gras, Pineapple Comfit with Peppers

FOR THE ROASTED FOIE GRAS: 600g foie gras liver, Salt, pepper, and nutmeg to taste
FOR THE PINEAPPLE COMFIT: 1 peeled and cut pineapple, diced, 4g allspice, 4g Sichuan pepper
FOR THE HERB SAUCE: 50g parsley leaves, 50g basil leaves, 50g mint leaves, Syrup from pineapple comfit
FOR THE YOGURT SAUCE: 2g ground Sichuan pepper, 1 glass unsweetened yogurt
NECESSARY UTENSILS: nonstick skillet, paper towel, stainless steel bowl, plastic wrap, strainer, blender
YIELD: 4 servings

PREPARATION OF FOIE GRAS:
1. Cut the foie gras in 4 portions of 120-g to 130-g and set aside.
2. At serving time, in nonstick skillet, roast the previously seasoned foie gras slices. Be careful when cooking foie gras. To check cooking stage, introduce the thickest side of needle and take it to your lips to see if it is warm.
3. Drain slice with paper towel.

PREPARATION OF PINEAPPLE COMFIT:
1. In stainless steel bowl, add pineapple cubes and peppers, sealing completely with plastic wrap.
2. Heat water in a pan. Do not bring to a boil. Place the bowl on top of pan and let pineapple cook slowly. It may also be steamed at 60°C for 2 hours.

PREPARATION OF HERB SAUCE:
1. Soak leaves for 5 seconds in boiling water.
2. Drain and chill with ice.
3. Beat in the blender with small amount of pineapple syrup until thick and puréed.

PREPARATION OF YOGURT SAUCE:
1. Mix pepper and yogurt.

PRESENTATION:
1. Drizzle each plate with yogurt sauce, drawing circles.
2. Place two spoonfuls of pineapple comfit and one foie gras slice next to each other.
3. Baste with a small amount of herb sauce.

Langoustines roses, couscous cru de palmier au parfum du Sertão
Pink Norway Lobsters, Backcountry-Scented Raw Pupunha Couscous

FOR THE NORWAY LOBSTERS: 2.2kg Norway lobsters (12 units), Salt and pepper to taste, 4 chives to tie
FOR THE BACKCOUNTRY SAUCE: 50ml olive oil, 200g mirepoix* (carrots, onions, garlic, leek, anise, cut in cubes), 20ml brandy, 1 tablespoon tomato paste, 30ml white wine, 2 tomatoes cut in 4,

10 basil leaves, 2 chicory leaves, 1 jambu sprig, Water to soak ingredients, 1 chili pepper, 100ml tucupi, 2 beaten egg yolks
FOR THE PUPUNHA COUSCOUS: 500g pupunha, Vinaigrette to season
FOR THE GREEN SALAD: 1 cup chicory leaves (the white part), 1 cup watercress leaves, 1 cup basil leaves, Flower petals, 1/2 cup sprouts (alfalfa, mustard and clover sprouts)
FOR THE VINAIGRETTE: 1 anchovy fillet, 200ml of nuts olive oil, 50ml sherry vinegar, 1/2 chopped garlic clove
NECESSARY UTENSILS: long barbecue skewers, strainer, rubber spatula or wooden spoon to stir, mandoline* or sharp knife, 4 deep plates, mixer
YIELD: 4 servings

PREPARATION OF NORWAY LOBSTERS:
1. Remove heads and shells of Norway lobsters. Carefully remove bowels. Set the tails aside.
2. Stick the Norway lobsters on the barbecue skewers, season with salt and pepper and set aside.
3. At serving time, grill carefully in a skillet.

PREPARATION OF BACKCOUNTRY SAUCE:
1. In a pan, heat up the olive oil and brown the shells.
2. Add the diced mirepoix and cook for another 3 to 4 minutes. Flambé* with brandy.
3. Add the tomato paste, leave cooking for while, add wine, and scrape carefully the bottom of the pan. Reduce* to half and add tomatoes, basil, chicory leaves and jambu sprig. Cover with water, add chili, and simmer for 45 minutes, removing foam as necessary. Drain and chill.
4. Mix 300 ml of Norway lobster broth, cold, with the tucupi. Add egg yolks and cook, stirring continuously with a rubber spatula or wooden spoon, the same way as when making English Cream (do not allow boiling). Chill fast and set aside.

PREPARATION OF THE PUPUNHA COUSCOUS:
1. With the help of a mandoline or sharp knife, slice and dice pupunhas in 1-mm cubes.
2. At serving time, season with vinaigrette.

PREPARATION OF THE GREEN SALAD:
1. Clean and wash leaves, set aside.

PREPARATION OF VINAIGRETTE:
1. Dissolve anchovy fillet in 1-tablespoon olive oil.
2. Add remaining ingredients and mix.

PRESENTATION:
1. In the center of a deep plate, arrange the couscous, using a mold, and place the green salad on top.
2. Tie the Norway lobster grilled sticks in groups of three, using chive, and arrange them in the plate.
3. Emulsify* backcountry sauce with mixer and drizzle around the couscous.

NOTE: The idea of using tucupi as a basis for dishes comes from chef and friend Alex Atala.

Pissaladière croustillante de champignon, vinaigrette de cèpes
Crunchy Mushroom Pissaladière, Cèpes Vinaigrette

FOR THE BATTER: 100ml clarified butter* (recipe on page 172), 4 sheets of filo dough**, 50g grated parmesan cheese
TO GARNISH: 2 finely sliced onions, 50ml olive oil, 2 anchovy fillets, 1 sprig of thyme, 1 liter of water, 12g salt, 8g sugar, 100g cèpes, (frozen porcini mushrooms), 50ml olive oil
FOR THE VINAIGRETTE: 20ml soy sauce, 20ml rice vinegar, 10ml oyster sauce, 100ml sake, 30ml beef stock (recipe on page 172), 20g diced cèpes, 1 sprig minced chives, 10 bunches mini-watercress
NECESSARY UTENSILS: brush, 2 nonstick skillets
YIELD: 4 servings

**Found in Arab grocers.

PREPARATION OF BATTER:
1. Brush with clarified butter one sheet of filo dough.
2. Sprinkle with grated parmesan and cover with second filo sheet. Repeat the operation twice.
3. Bake in oven at 180ºC until brown. Set aside.

PREPARATION OF GARNISH:
1. In a pan, cook onion slowly with olive oil, anchovy fillet, and thyme, for 30 minutes, until onions are soft. Set aside.
2. In a separate pan, boil water, salt, and sugar.
3. Add cèpes (frozen porcinis) and simmer for 5 minutes.
4. Drain and place under weight, pressing the mushrooms to remove excess water.
5. Slice and brown in nonstick skillet with olive oil.

PREPARATION OF VINAIGRETTE:
1. In a bowl, mix all liquid ingredients.
2. Set aside diced cèpes, chives, and mini-watercress for serving time.

PRESENTATION:
1. Cover crunchy filo batter with one layer of onions and, on top, one layer of cèpes.
2. Place in oven to warm for 5 minutes.
3. Slice pissaladière and place in oven to warm for 5 minutes.
4. In skillet, brown diced cèpes and add to the vinaigrette.
5. In the center of each plate, place the pissaladière. Around it, the vinaigrette. Sprinkle with chives and mini-watercress.

Salada de Camarões e Legumes Crocantes ao Vinagre de Açaí
Shrimp and Crunchy Vegetables Salad with Assai Vinegar

FOR THE SHRIMP: 12 VG shrimps, 60ml olive oil for frying
FOR THE VINEGAR AND ASSAI FOAM: 350ml white wine vinegar, 700g assai pulp, 250ml brandy, 120g sugar, 2 teaspoons of soy lecithin, Salt and pepper to taste
FOR THE VINAIGRETTE ASSAI: 1 tablespoon assai vinegar, Salt and pepper to taste, 100ml extra-virgin olive oil
FOR THE CRUNCHY VEGETABLES: 4 mini-carrots, 50g string beans, 4 asparagus, 30g fava beans, 2 mini-zucchini, 4 mini-turnips, 1 tablespoon assai vinaigrette, Salt and pepper to taste
AS DECORATION: 10 varied leaves, washed, 4 borage flowers, 4 mini-roses
NECESSARY UTENSILS: cheesecloth, bottle, mixer
YIELD: 4 servings

PREPARATION OF SHRIMP:
1. Peel and clean shrimp. Set aside.
2. At serving time, fry in olive oil.

PREPARATION OF VINEGAR AND ASSAI FOAM:
1. In a pan, mix vinegar, assai pulp, brandy, and sugar, and cook in double boiler (bain-marie)* for 1 hour. The water must remain boiling slowly, and vinegar temperature must be around 90ºC.
2. Drain in cheesecloth and place in bottle.
3. For the assai foam, mix 200-ml of assai vinegar with soy lecithin. Season with salt and pepper and emulsify with mixer.

PREPARATION OF ASSAI VINAIGRETTE:
1. In a bowl, mix assai with salt and pepper using a whisk. Add olive oil, slowly.

PREPARATION OF CRUNCHY VEGETABLES:
1. Peel, round* and cook carrots.
2. Clean and cook string beans.
3. Peel and cook the asparagus and the fava beans.
4. Slice raw mini-zucchinis and set aside.
5. At serving time, mix crunchy vegetables (cooked "al dente"*) and marinate* for 4 minutes with the extra-virgin olive oil vinaigrette, salt and pepper.

PRESENTATION:
1. Season the varied leaves and mix them with few flowers. Arrange them in the center of the plate, and spread shrimp and crunchy vegetables around.
2. Drizzle assai foam and finalize with remaining flowers.

Soupe de grenouille et herbes tendres
Frog and Tender Greens Soup

750g frog legs, 120ml olive oil, 40g butter, 1 stalk celery, diced, 1 onion, diced, 12 garlic cloves without the germ, 200-ml white wine, 1 1/2 liter clear chicken stock (recipe on page 172), 1 watercress bunch (leaves only), 1 parsley bunch (leaves only), 1 arugula bunch (leaves only), 250-ml heavy cream
NECESSARY UTENSILS: colander, blender, strainer, deep plates
YIELD: 4 servings

PREPARATION:
1. Debone* the frogs legs separating and setting aside the thighs.
2. In a pan, place half the olive oil and 1-tablespoon butter. Sweat* the legs (without thighs), avoiding darkening. Add celery, onion, and 7 garlic cloves. Cook slowly for 5 minutes and add wine.
3. When reduced* to half, add chicken stock and cook for 30 minutes.
4. In a pan with hot water, cook greens for 2 minutes and chill quickly in iced water. Drain well and cook for another 3 minutes adding the frog soup base.
5. Beat soup in the blender, including legs. Drain.
6. In a separate pan, cook 5 garlic cloves with heavy cream and reduce for 2 minutes. Remove garlic cloves and set aside.
7. In a skillet, fry thighs with half of the remaining olive oil and cook for 1 minute. Set aside.

PRESENTATION:
1. In each plate, arrange the frogs' thighs and pour soup over them.
2. Add a streak of reduced cream.

Surubim Fumé et Écrevisse Pitu en Tartare, Sauce Vierge et Noix Cajou
Smoked Surubim (Firewood Catfish) and Pitu Shrimp Tartar with Virgin Sauce and Cashew Nuts

FOR THE SURUBIM AND PITU ROLL: 500g smoked surubim, 600g pitu, 50ml extra-virgin olive oil, Salt and pepper to taste
FOR THE MARINADE*: 1 red bell pepper, 1 green bell pepper, 1 Aji pepper, 1 small purple shallot, Salt and pepper to taste, 100ml olive oil, Juice of 2 lemons, 1 minced garlic clove
FOR THE VIRGIN SAUCE: 1/2 green, red and yellow bell peppers, 1 small cucumber, 2 tomatoes, 2 lemons, 150ml extra-virgin olive oil, Minced parsley
FOR THE CASHEW NUT FAROFA: 100g unsalted cashew nuts, 1 tablespoon butter
TO GARNISH: Finely ground cashew nuts, 1 box raw alfalfa sprouts, Scented olive oil (with jambu, urucum etc.) – optional
NECESSARY UTENSILS: plastic wrap, blender, grinder
YIELD: 4 servings

PREPARATION OF SURUBIM AND PITU ROLL:
1. Slice surubim in thin slices. Set aside.

2. Peel and dice pitus. Season with olive oil, salt, and pepper.
3. In a pan, cook pitus in olive oil for 2 minutes.
4. Over a plastic wrap, arrange the surubim slices and place in the center the pitu tartar*, rolling to make a cylinder. Place in refrigerator to rest.

PREPARATION OF MARINADE:
1. Peel peppers, cut lengthwise into two halves, and dice finely.
2. Remove pepper seeds and dice. Dice shallot the same way.
3. Mix all ingredients and add lemon juice and garlic. Set aside. Marinade must be strong.

PREPARATION OF VIRGIN SAUCE:
1. Dice all vegetables and lemon; add extra-virgin olive oil and parsley.

PREPARATION OF CASHEW NUT FAROFA:
1. Beat cashew nuts in blender until flour is obtained.
2. Brown in a skillet with butter.

PRESENTATION:
1. Dice surubim rolls in 2-cm thick cylinders. Coat (paner)* with marinade.
2. Arrange the rolls in each plate and side with Virgin Sauce, cashew nuts farofa and raw alfalfa sprouts.
3. Adorn the bottom of the plate with the scented olive oil.

Main Dishes

Cigale de Mer, Royale de Foie Gras en Capucino de Cèpes
Roasted Slipper Lobster, Foie Grass Royal in Porcini Mushrooms (Cèpes) Cappuccino

4 300-g slipper lobsters
FOR THE FOIE GRAS FLAN: 100g foie gras, 150g heavy cream, 1 egg, Salt to taste, White pepper to taste, Curry to taste
FOR THE CAPPUCCINO CÈPES: 8 frozen cèpes, 1/2 onion, 50ml olive oil, 1 thyme sprig, 1 garlic clove without the germ, 50ml white wine, 250ml dark chicken stock (recipe on page 172), Salt and pepper to taste, 100ml whipped cream
FOR THE LETTUCE SAUCE: 50ml olive oil, 10g butter, 1 garden lettuce, washed, 1 chopped onion, 1 stalk celery, chopped, 1 5-cm piece of chopped leek, 1 whole garlic clove without the germ, 250ml fish stock (recipe on page 172)
FOR THE TOMATO COMFIT: 1 seedless tomato cut in 4, Salt, sugar, and pepper to taste, Thyme leaves to taste, 10ml olive oil
FOR THE MINI-VEGETABLES: 4 mini-carrots, 4 mini-radishes, 4 mini-zucchini, Clarified butter* (recipe on page 172), 4 petals of tomato comfit, Thyme to taste
NECESSARY UTENSILS: blender, strainer, baking sheet, skillet, ramekin
YIELD: 4 servings

PREPARATION OF FOIE GRAS FLAN:
1. In the blender, beat foie gras with heavy cream, egg, salt, pepper, and curry. Drain.
2. Place in a porcelain ramekin and roast in double boiler (bain-marie)*, at 130°C for 20 to 30 minutes.
3. Remove from oven and set aside.

PREPARATION OF CAPPUCCINO CÈPES:
1. Boil frozen cèpes in water. Remove and drain putting a weight on top.
2. Slice, setting aside the nicest slices to decorate.
3. Dice onion and sauté with olive oil, thyme, and garlic. Add cèpes and cook slowly for 5 minutes in low heat.
4. Deglaze* with white wine and reduce,* add chicken stock and cook for 10 minutes.
5. Beat in blender and drain. Season with salt and pepper and set aside.

6. At serving time, add heavy cream and emulsify.*

PREPARATION OF LETTUCE SAUCE:
1. Prepare aromatic garnish.
2. Deglaze with fish stock and simmer.
3. Add sautéed lettuce, cook for another 3 minutes, and beat in blender. Drain and season with salt and pepper. Chill and set aside.

PREPARATION OF TOMATO COMFIT:
1. Season tomato with salt, sugar, pepper, and thyme.
2. Place in baking sheet; baste with olive oil and place in oven (100°C) for 4 hours, turning the pieces every 30 minutes.

NOTE: This recipe may be prepared in larger amounts and preserved in the refrigerator.

PREPARATION OF MINI-VEGETABLES:
1. Peel and round* mini-vegetables; cook to taste.
2. In a skillet, caramelize* with clarified butter the cèpe slices that were set aside when preparing cappuccino.

PRESENTATION:
1. Place a streak of olive oil in a skillet and fry the slipper lobsters, being careful not to overcook.
2. Warm foie gras flan in a double boiler.
3. In each plate, place a slipper lobster slice and the flan. Arrange the cèpes cappuccino foam over the flan, next to slipper lobsters. Arrange the mini-vegetables around and drizzle the foam with a streak of warm lettuce sauce.

Coquilles Saint Jacques sur un blinis de potiron et caviar, sauce au macis
Scallops Saint Jacques over Pumpkin Blinis and Caviar, Sauce Macis

12 large scallops, sliced, 20g caviar
TO GARNISH: 1 Italian zucchini cut in thin slices, 1 carrot, peeled and cut in thin slices
FOR THE BISCUIT: 210g pumpkin, peeled and cut in large chunks, 50ml olive oil, Salt to taste, Thyme to taste, 22g flour, 1 egg, 1 egg-white, 20ml heavy cream, 10ml orange juice, Pepper and nutmeg to taste
FOR THE ONION FONDUE: 2cm grated ginger, 1-teaspoon whole coriander, 30ml olive oil, 3 onions cut in small cubes, 1-tablespoon brown sugar, Basil leaves, thinly sliced
FOR THE SAUCE: 500ml orange juice, 50g chopped onion, 10g macis*, 50ml olive oil, 500ml fish stock (recipe on page 172)
NECESSARY UTENSILS: aluminum foil, sieve, cheesecloth, strainer, small skillet (8-cm diameter), baking dish
YIELD: 4 servings

PREPARATION OF VEGETABLES:
1. In a pan, bring salted water to a boil. Cook zucchini and carrot separately, al dente*.
2. Chill in iced water.

PREPARATION OF BISCUIT:
1. Season pumpkin chunks with a streak of olive oil, salt, and thyme, and wrap each chunk in aluminum foil. Place in oven to bake.
2. When baked, pass through a sieve. If the pumpkin has too much water, place it in a cheesecloth and let drain.
3. Slowly add flour, egg, egg white, heavy cream and orange juice.
4. Season with salt, pepper, and nutmeg.
5. Place a small amount of clarified butter* and 2 tablespoons of biscuit dough in a skillet and cook for 3 minutes on each side.

PREPARATION OF ONION FONDUE:
1. Sautee spices (ginger and coriander) in olive oil. Add onions and cook slowly.
2. When onions are cooked, add sugar, and cook again. Add basil.

PREPARATION OF SAUCE:
1. Drain orange juice and, in a pan, reduce* to half.
2. Sautee onions and macis in a small amount of olive oil.
3. Deglaze* with the juice and add fish stock. Reduce.

PRESENTATION:
1. In a baking dish, place biscuits and cover them with the onion fondue.
2. Place scallops on top of the onion fondue, alternating with carrots and zucchinis. Put in oven for 3 minutes.
3. In the center of each plate, arrange a biscuit, drizzle around with sauce, and finalize with caviar, in the center of the biscuit.

Filet de bar, ravioles d'artichauts, jus de poule parfumé aux amandes et citron confit
Sea Bass Fillet, Artichoke Ravioli, Scented Chicken Stock with Almonds and Sicilian Lemon Comfit

FOR THE ARTICHOKE RAVIOLI: 150g flour, 2 eggs, 1 pinch salt, 25ml olive oil, 500ml water, 1 orange peel, 1 teaspoon whole coriander, 1 celery, diced, 1 egg yolk, 200g artichoke
FOR THE MUSHROOM FRICASSEE: 250g shiitake, 40ml olive oil, 1 chopped garlic clove without the germ, Minced leaves from a parsley twig
FOR THE SICILIAN LEMON COMFIT: 4 Sicilian lemons, 500g regular salt, 500g coarse sea salt, Water, Syrup 1 (345ml water, 240g sugar), Syrup 2 (345ml water, 295g sugar), Syrup 3 (345ml water, 345g sugar)
FOR THE ALMOND-SCENTED CHICKEN SAUCE: 40ml olive oil, 10g butter, 250g chicken wings, 50ml white wine, 100g aromatic garnish in mirepoix*, 1-liter chicken stock (recipe on page 172), 100g peeled almonds
FOR THE SEA BASS FILLETS: 1.5kg sea bass, Salt and pepper to taste, 40ml olive oil
NECESSARY UTENSILS: food processor, sieve, rolling pin, strainer, 2 round cutters in different sizes.
YIELD: 4 servings

PREPARATION OF RAVIOLI:
1. In the food processor, mix flour with eggs, salt, and olive oil.
2. Set aside and let rest for 1 hour.
3. In a pan, place water, orange peel, coriander, celery, and bring to a boil.
4. Add the artichokes. When cooked, remove from heat, run in the food processor and later through a sieve.
5. Place a small amount of flour over the surface where the dough will be spread. With the rolling pin, spread dough in two 15-cm x 30-cm sheets, as thin as possible. Brush with egg yolk the surface of one of the sheets and distribute the artichoke filling with a teaspoon, 4-cm apart.
6. Place the other dough sheet on top, and with the cutter, press around the fillings, in ravioli shape. With the largest cutter, cut the 12 raviolis. Set aside.
7. At serving time, bring a pan of salted water to a boil and cook the raviolis for 3 minutes.

PREPARATION OF MUSHROOM FRICASSEE:
1. Cut the shiitake mushrooms in thin slices.
2. At serving time, sauté* the shiitake slices in a skillet with olive oil and garlic. When ready, sprinkle with parsley.

PREPARATION OF SICILIAN LEMON COMFIT:
1. Make 4 incisions in the lemons, place 1 teaspoon of regular salt inside each one and soak lemons in a

water bowl, adding 1-tablespoon of coarse sea salt for each 4 lemons.
2. Every day, change the water and repeat the above operation, for 3 weeks.
3. Drain the last water, place lemons in pan and cover with syrup 1, at room temperature, and bring to a boil. On the second day, remove syrup 1 and pour syrup 2, at room temperature. Bring to a boil. On the third day, repeat the same operation with syrup 3. Set aside for 24 hours.

NOTE: This recipe may be prepared in larger quantities, due to the long time needed for preparation. It may be preserved in syrup, in a sterilized glass, for 1 week, in the refrigerator.

PREPARATION OF ALMOND-SCENTED CHICKEN SAUCE:
1. In a pan, heat olive oil and butter to brown the chicken wings.
2. Add mirepoix and simmer slowly.
3. Deglaze* with white wine and reduce.*
4. Add chicken stock and simmer for 1 hour. Drain and heat again with the almonds.
5. Reduce to sauce consistency.

PREPARATION OF SEA BASS FILLETS:
1. Clean fish without removing skin. Cut in 4 servings. Season with salt and pepper.
2. Heat a skillet with olive oil and fry the fillets starting from the skin side. When skin browns, turn over.

PRESENTATION:
1. Warm chicken sauce and add the lemon comfit cubes.
2. In the center of the plates, place 1-tablespoon mushroom fricassee and arrange the sea bass on top.
3. Place 3 raviolis around and drizzle chicken sauce.

Filet de sole en croûte de carne-seca, purée crémeuse de potiron
Sole Fillets in Dried Beef Crust, Creamy Pumpkin Purée

FOR THE SOLE FILLETS: 2 soles 800g each, 40g butter, Salt and pepper to taste, Thyme sprig
FOR THE DRIED BEEF CRUST: 60g cooked dried beef, diced, 1 garlic clove without the germ, 60g breadcrumbs, 35g grated parmesan cheese, 50g unsalted butter, Black pepper to taste
FOR THE PUMPKIN PURÉE: 400g pumpkin, peeled and chopped, 300ml heavy cream, 1 teaspoon curry, 1 tablespoon butter, Salt to taste
FOR THE BEANS RAGOUT: 40g total of 4 different types of beans (red, green, white, black beans), 500ml chicken stock, 4 garlic cloves, 4 bouquets garni*, 200g bacon, 1 tablespoon soy sauce, 1 teaspoon sherry vinegar, 30g fava beans, 1 tablespoon butter, 60g smoked duck magret, diced
NECESSARY UTENSILS: plastic wrap, brush, grinder, wax paper, rolling pin, vegetable grinder or potato ricer, sieve, blender, strainer, mixer.
YIELD: 4 servings

PREPARATION OF SOLE FILLET:
1. Remove the 4 fillets from each sole and place over plastic wrap.
2. Brush with butter, salt, and pepper. Cover one fillet with another fillet, and place a sprig of thyme on top.
3. Wrap every two fillets with plastic wrap.
4. At serving time, cook for 3 to 4 minutes, in hot water.

PREPARATION OF DRIED BEEF CRUST:
1. Grind dried beef with garlic.
2. In a bowl, combine ground dried-beef with flour, cheese, and butter.
3. Place the combination between two sheets of wax paper and spread with rolling pin, forming a sheet 1-cm thick. Set aside in the refrigerator or freezer.

PREPARATION OF PUMPKIN PURÉE:
1. Wrap pumpkin in aluminum foil, with a dash of olive oil, and place in 160°C oven for approximately 20 minutes.
2. When cooked, mash in vegetable grinder (or potato ricer) and pass through sieve.
3. At serving time, boil heavy cream with curry, and combine with pumpkin purée until creamy.
4. Finalize with butter and season with salt.

PREPARATION BEANS RAGOUT:
1. Place bean sauces in separate bowls for 4 hours.
2. Cook sauces in separate pans over low heat, with chicken stock, adding garlic, bouquets, and bacon. Do not bring to a boil.
3. When the beans are cooked, drain; remove garlic, bouquets, and bacon. Drain, separating and reserving beans and broth.
4. Add soy sauce and vinegar to the beans broth and beat in blender. Drain and set aside.
5. In a pan with boiling salted water, soak fava beans for 1 minute and cool in chilled water. Remove husks.
6. At serving time, place butter, duck magret cubes, and beans, in a skillet. Add 3 tablespoons of beans broth. Add fava beans, and reduce* the sauce.

PRESENTATION:
1. Cut a strip of dried beef crust and arrange over each sole, lengthwise, same size. Gratin in the oven or in a salamander.
2. In the plates, arrange fish fillet and the beans ragout.
3. With mixer, emulsify* beans broth and pour in the plate.
4. Place pumpkin purée in a small bowl aside, in the plate.

Caille rôtie, cuisses confites en cannellonis d'aubergine, farofa à la noisette
Roasted Quail, Eggplant Cannelloni, Hazelnut Farofa

FOR THE QUAILS: 4 quails, 1 teaspoon coarse sea salt, 200g duck fat, 100g aromatic garnish*
FOR THE SAUCE: 50ml olive oil, Quail shavings (wing, neck, and collarbone), 200g onion, diced, 200g carrot, in mirepoix*, 100g chopped mushrooms, 7 mashed garlic cloves without the germ, 50ml white wine, 50ml Port wine, 500ml dark chicken stock (recipe on page 172), Thyme and rosemary to taste, 50g butter
FOR THE POTATO COMFIT: 100g butter, 2 large potatoes, peeled and cut in slices 2-cm thick x 5-cm wide, 4 garlic cloves without the germ, 4 tablespoons filtered water, 1 teaspoon coarse sea salt, 12 mini-carrots
FOR THE EGGPLANT CANNELLONI: 2 unpeeled eggplants, cut lengthwise in 0.5-cm strips, 1 tablespoon olive oil, 1 tablespoon pesto (recipe on page 173), 4 petals of dried tomatoes, diced, 8 ladles of quail comfit
FOR THE HAZELNUT FAROFA: 25g butter, 50g onions beaten in blender, 200g hazelnut flour, 80g Neston (baby cereal)
NECESSARY UTENSILS: scissors, cutter, grill, or nonstick skillet, brush
YIELD: 4 servings

PREPARATION OF QUAILS:
1. Cut wings; remove quails' collarbone and thighs. Set aside.
2. Dredge thighs for 5 minutes in coarse sea salt.
3. Wash in running water and soak in a duck fat combined with aromatic garnish.
4. Place in oven at 100°C for 1-hour, inside this fat (comfit). Set aside.

PREPARATION OF SAUCE:
1. Heat a pan with olive oil and quail shavings; add onion, carrot, mushroom shavings, and garlic.
2. Add white wine and Port wine, and reduce.*
3. Season quail stock with thyme and rosemary, and cook for 30 minutes. Drain and, at serving time, finalize with butter.

PREPARATION OF POTATO COMFIT:
1. In a shallow, thick-bottomed pan, place butter and arrange potatoes and garlic.
2. Add filtered water and coarse sea salt, and cook over medium high heat.
3. When potatoes start to brown, remove pan from fire and let cool. Turn potatoes around and return them to cook over medium high heat.
4. Peel and round* mini-carrots, cook.

PREPARATION OF EGGPLANT CANNELLONI:
1. Grill eggplant slices with olive oil in grill or nonstick skillet.
2. Arrange slices on a tray and brush with pesto. Add dried tomatoes and coarsely shredded quail comfit. Roll eggplant slices to form cannelloni.

PREPARATION OF HAZELNUT FAROFA:
1. In a pan, place butter and add the onion purée. Simmer.
2. When onion water evaporates, add hazelnuts and cook for another 4 minutes. Finalize adding Neston.

PRESENTATION:
1. In a skillet, place a streak of olive oil and 1 tablespoon butter. Roast all sides of quails, leaving meat pink. Rest for 5 minutes.
2. Meanwhile, warm potato comfit, eggplant cannelloni, carrots with leaves, and hazelnut farofa.
3. Debone* quails, maintaining their form.
4. In the plates, place potato comfit with quail on top. Arrange eggplant cannelloni around, and top with carrots. Drizzle quail with sauce and serve the hazelnut farofa on the side.

Suprême de pintadeau, lentilles vertes du Puy, gratin de cristophine, sauce à l'ail ciboulette
Guinea Fowl Supreme, Puy Green Lentils, Chayote Gratin with Garlic Chives Sauce

1 teaspoon salt, 2 onions, chopped, 750g chayote peeled and sliced, 400ml heavy cream, 100ml milk, 4 garlic cloves, 1/2 teaspoon grated nutmeg, Butter to grease
FOR THE CHAYOTE SAUCE: 100g + 30g butter at room temperature, 200g peeled chayote, diced in small cubes, 250ml light chicken stock (recipe on page 172), 50g garlic chives
FOR THE GUINEA FOWL: 4 guinea fowl breasts, salt and pepper to taste, 10ml extra-virgin olive oil, 10g butter
TO DECORATE: 4 sprigs of garlic-chives, 30ml clarified butter*, 1 thinly sliced potato
NECESSARY UTENSILS: plastic wrap, 4 rectangular baking sheets, blender, strainer, wax paper, cutter, brush
YIELD: 4 servings

PREPARATION OF LENTILS:
1. Place lentils in a pan, cover with cold water, and bring to a boil.
2. Drain water, add chicken stock and bouquet garni.* Cook again for approximately 20 minutes, without boiling.
3. At serving time, sauté onion and duck breast in butter, then add lentils with a little broth. At the end, sprinkle with parsley and garlic chives.

PREPARATION OF CHAYOTE GRATIN:
1. Sprinkle salt over sliced chayote and let rest for 10 minutes.
2. In a pan combine heavy cream, milk, onion, and garlic, and reduce.*
3. Drain chayote and combine it with the cream, adding nutmeg.

4. Place the mixture in a greased rectangular baking sheet and bake at 130°C for 40 minutes.

PREPARATION OF CHAYOTE SAUCE:
1. In a pan with 1 tablespoon butter, sweat* the chayote.
2. Cover with chicken stock and simmer slowly. Beat in blender and drain.
3. Mince garlic chives and mix with butter, until the butter is green and scented.

TO FINALIZE:
1. Line a baking sheet with wax paper, and arrange potatoes slightly overlapping.
2. With a cutter, cut 4 potato disks, removing excess.
3. Cover with a second wax paper sheet, place another baking sheet on top, and bake at 100°C until dry.

PRESENTATION:
1. At serving time, season guinea fowls. Heat a skillet with olive oil and fry breasts starting with the skin side. Simmer slowly.
2. Meanwhile, cut the chayote gratin and warm it in the oven.
3. Warm chayote sauce and slowly add the garlic chives butter.
4. In the border of each plate, place 1 tablespoon of chayote sauce scented with butter garlic chives and, on top of sauce, the lentils, topped by potato discs and chayote gratin.
5. Cut the guinea fowl breasts in three thick slices and place to the side, alternating with a stalk of fresh garlic chives.

Picanha d'agneau, beignet de maïs, jus de tomate épicé
Lamb Rump Cap, Corn Beignets, Seasoned Tomato Sauce

FOR THE SEASONED TOMATO SAUCE: 500g tomato, 70g sugar, 2 tablespoons tomato paste, 10ml olive oil, 10g refined salt, 2g crushed black pepper, 6 whole garlic cloves without the germ, 1/2 basil sauce, Tabasco drops to taste
FOR THE LAMB RUMP CAP: 4 300g steaks of lamb rump cap, 2 garlic cloves, Salt and pepper to taste, 1 thyme sprig, 100ml olive oil
FOR THE CORN BEIGNETS: FILLING: 30g butter, 1/2 chopped onion, 100g corn in preserve, 240ml corn water in preserve, 240ml milk, 1 egg, 50g flour, 100g cream cheese, 25g grated Grana Padano cheese, 2 sheets unflavored gelatin, 1/2 bunch chopped parsley, Salt, pepper and Tabasco drops to taste, 1 liter soy oil.
TEMPURA: 60g corn in preserve, 300g flour, 10g baking powder, 2g sugar, Salt to taste, 360ml carbonated water
TO GARNISH: 4 mini-carrots, 4 mini-corncobs, 4 asparagus, 100g fava beans
FOR THE HAZELNUT FAROFA: 50g butter, 50g onion beaten in blender, 200g powdered hazelnut or almond flour, 80g Neston (baby cereal), Salt to taste
NECESSARY UTENSILS: blender, baking sheet
YIELD: 4 servings

PREPARATION OF SEASONED TOMATO SAUCE:
1. Wash tomatoes and cut in 4.
2. In a bowl, combine tomatoes, sugar, tomato paste, and olive oil.
3. Place in baking sheet, add salt, crushed pepper, and garlic. Place in oven at 130°C and bake for 1h30 to 2 hours.
4. Drain tomatoes and reduce* liquid to half, adding basil.
5. Place remaining tomatoes back in the oven while broth reduces. Deglaze* tomato with reduced broth. Simmer for another 15 minutes.
6. Beat all in blender and add a few drops of Tabasco.

PREPARATION OF RUMP CAP:
1. Clean rump cap and rub half garlic clove in each piece. Season with salt, pepper, and thyme.
2. Heat a pan with olive oil and seal* rump cap starting on the fatty side. Then turn over and brown all sides evenly.
3. Place in oven at 170°C for 7 to 15 minutes, according to taste. Leave meat resting in a warm place.

PREPARATION OF CORN BEIGNETS:
FILLING:
1. In a skillet, warm butter, add onion, and cook until clear.
2. Add corn to water and milk, and bring to a boil.
3. Remove from heat and beat in blender. Slowly fold in egg, flour, cream cheese, and Grana Padano.
4. Resume heating to thicken, stirring continuously.
5. Remove from heat and add gelatin previously softened in chilled water, and minced parsley. Season with salt, pepper and Tabasco drops. Let cool and mold beignets. Freeze.
6. At serving time, place oil in a pan and warm to 170°C. Coat frozen cornball with tempura and fry.

TEMPURA:
1. Beat preserved corn in blender with a small amount of carbonated water, until a paste is formed.
2. Place corn paste in a bowl and add flour, baking powder, sugar, and salt, avoiding lumps.
3. Fold in remaining carbonated water, maintaining paste consistency. Set aside.

PREPARATION OF HAZELNUT FAROFA:
1. In a pan, warm butter and add pureed onions. Simmer.
2. When onion water evaporates, add hazelnut and cook for another 4 minutes. Add Neston and season with salt.

PREPARATION OF GARNISH:
1. Peel carrots, clean mini-corncobs, and asparagus.
2. Bring to a boil a pan with water and salt, and cook vegetables to taste.
3. Cook fava beans quickly for 1 minute in boiling water and chill in iced water to remove husks.

PRESENTATION:
1. Warm up garnish, farofa, and tomato sauce.
2. In each plate, arrange rump cap slices, 4 beignets, garnishes, farofa, and tomato sauce.

Filet mignon de veau en croûte de champignon, et son flan à l'ail
Veal Tenderloin Wrapped in Shiitake Mushrooms and Garlic Flan

FOR THE VEAL: 2kg veal tenderloin, 1 egg white, 20g salt, 5g pepper, 250g heavy cream, 5g minced tarragon, 2.5g minced coriander, 500g shiitake mushrooms, 50ml olive oil
FOR THE GARLIC FLAN: 1 garlic bulb, 250ml soy oil, 150ml heavy cream, 150ml light chicken stock (recipe on page 172), 2 whole eggs, 1 egg yolk, Salt and white pepper to taste, Butter to grease
FOR THE POTATO BISCUIT: 3 potatoes, 2 egg yolks, 5g minced parsley, 5g minced tarragon, 10g minced chives, 25g butter, 40ml olive oil
FOR THE SAUCE: Tenderloin shavings, 200g aromatic garnish*, 150ml white wine, 3 tomatoes, 1 liter veal stock (recipe on page 172)
NECESSARY UTENSILS: food processor, sieve, wax paper, rolling pin, plastic wrap, string, baking dish, blender, 4 small flan molds, aluminum foil, 8 mold rings
YIELD: 4 servings

PREPARATION OF VEAL:
1. Clean veal and set shavings aside to make sauce.
2. From the shavings, separate 500g and dice, run through food processor and then strain.
3. In a bowl placed over another bowl filled with ice, mix all ingredients (processed and sifted meat, egg white, 10g salt, and 2g pepper).
4. Last, fold in the heavy cream, slowly, and then the minced herbs. Set aside.
5. Clean shiitakes and cut off stalks.
6. Arrange shiitakes over plastic wrap, placing them side-by-side, but slightly overlapping, forming a 25-cm x 20-cm rectangle.
7. Add one more sheet of plastic wrap and then thin out the shiitakes with a rolling pin. Remove plastic wrap.
8. Place over the rectangle a thin layer of veal mousse.
9. Place fillets, seasoned with salt and pepper, over rectangle and roll, cutting off excess shiitake. Roll tightly with plastic wrap.
10. Refrigerate for 1 hour. Remove plastic wrap and tie with string.
11. At serving time, fry rolled fillets in a skillet with olive oil, and finish cooking in the oven at 170°C for 5 to 7 minutes, until the desired point is reached.

PREPARATION OF GARLIC FLAN:
1. In a baking dish, place garlic cloves and coat with oil.
2. Bake in oven at 150°C. It should roast slowly, for 20 to 30 minutes.
3. When garlic is roasted, peel and place in a pan with 150-ml heavy cream and 150-ml chicken stock. Reduce* to half.
4. Run the contents in a blender, add eggs and egg yolk, and season with salt and pepper.
5. Grease molds with melted butter.
6. Fill molds with this mixture and bake in a double boiler (bain-marie)* for 15 minutes, at 100°C.

PREPARATION OF POTATO BISCUIT:
1. Bake potatoes in oven wrapped in aluminum foil at 180°C.
2. When potatoes are done, peel and mash with a fork.
3. Add egg yolks, then herbs and butter.
4. Mold each one in individual mold rings, then de-mold and set aside.
5. At serving time, brown in nonstick skillet with olive oil, brown potato biscuits and set aside in closed warm spot to dry.

PREPARATION OF SAUCE:
1. Cook veal shavings slowly until brown.
2. Add aromatic garnish and sweat.*
3. Deglaze* with white wine and reduce.
4. Add veal stock.
5. Reduce until thick and strain.

PRESENTATION:
1. Warm flan in double boiler.*
2. In a plate, de-mold flan, arrange 2 biscuits on the side, and 2 slices of veal fillet.
3. Drizzle sauce.

Picanha de boeuf rôti sur un anneau de pomme de terre, petite salade d'herbes et vinaigrette de truffes
Beef Rump Cap over Potato Ring, Green Salad, and Truffled Vinaigrette

FOR THE RUMP CAP: 1.2kg beef rump cap, Coarse sea salt to taste, Slightly crushed peppercorns, to taste
FOR THE POTATO RING: 3 potatoes, 250g water, 5g salt + salt to season, 5g sugar, 125g butter, 180g flour, 5 eggs, 10g chopped truffles, 2 liters soy oil to fry
FOR THE GREEN SALAD: 3 coriander sprigs, 3 parsley sprigs, 1 arugula bunch, 20g mini-watercress, 6 mini-artichokes comfit,* in preserve
FOR THE TRUFFLED VINAIGRETTE: 200ml nut oil, 1 anchovy fillet, 50ml sherry vinegar, 10g chopped truffles, 1 minced garlic clove

Le Saint Honoré

NECESSARY UTENSILS: baking sheet, potato ricer, piping bag with 1 cm tip
YIELD: 4 servings

PREPARATION OF RUMP CAP:
1. Clean rump cap and season with coarse sea salt and pepper.
2. Seal beef with soy oil, in a skillet over medium high heat, cook fat thoroughly and turn over to brown all sides.
3. In a baking sheet, roast in oven at 180º, for 10 to 20 minutes, according to taste, rare or well done.
4. At serving time, cut in thin slices.

PREPARATION OF POTATO RING:
1. Cook potatoes and mash as in a purée.
2. Boil water with salt, sugar, and butter. Remove pan from heat, and add the flour all at once.
3. Return pan to heat, stirring continuously, until dough is dry (does not stick) and the bottom of the pan may be seen. Remove pan from heat and add eggs, one at a time.
4. This dough is called pâte à choux. Combine it with puréed potatoes, add chopped truffles, and season with salt. Make sure that there is the same amount of dough and purée.
5. Place dough in piping bag and draw rings of approximately 8cm in diameter. Place rings in freezer until firm.
6. Remove from freezer and fry in oil, at 160ºC.

PREPARATION OF GREEN SALAD:
1. Remove coriander and parsley leaves.
2. Clean arugula and mini-watercress.
3. Wash leaves and combine to make a salad.
4. Cut artichoke in half and set aside.

PREPARATION OF TRUFFLED VINAIGRETTE:
1. In a pan, heat 1-tablespoon nut oil and add anchovy fillet to dissolve it.
2. In a bowl, whisk together sherry vinegar, anchovy fillet, truffles, and garlic, slowly adding the remaining nut oil.

PRESENTATION:
1. In a plate, place potato ring, and inside it place slices of rump cap, arranging them in a flower, finishing with a green bouquet.
2. Around the ring, place 3 mini-artichokes comfit, previously heated. To finalize, season with a streak of truffled vinaigrette.

Pièce de veau braisée au café, fricassée de légumes verts
Braised Veal au Coffee, Green Vegetables Fricassee

FOR THE VEAL: 70ml soy oil, 1 800g veal shoulder, clean and seasoned with salt and pepper, 200g aromatic garnish (recipe on page 172), 100ml white wine, 200ml beef stock (recipe on page 172), 5g ground coffee, 1 cup express coffee
FOR THE GREEN VEGETABLES FRICASSEE: 200g broccoli, 200g green peas, 2 okras, 1/2 onion, diced, 70g smoked duck breast, 100g tomato, diced, Butter and olive oil to sauté
FOR THE COFFEE SABAYON: 2 egg yolks, 1 cup express coffee, 200ml clarified butter*, Salt, pepper, and sugar to taste, 50g cream Chantilly
YIELD: 4 servings

PREPARATION OF VEAL:
1. In a pan with oil, seal* shoulder.
2. Add aromatic garnish and sauté.
3. Remove excess fat, add white wine, and reduce.*
4. Add beef stock, coffee, and slowly warm over low heat.
5. Cover pan with aluminum foil and place in oven at 65ºC for 9 hours.
6. When beef is cooked, remove from oven, drain stock, and divide in half. Set aside one-half to reheat veal at serving time.
7. Reduce* the other half of stock until thick, to obtain a coffee sauce. Check seasonings and add express coffee. Set aside.

PREPARATION OF GREEN VEGETABLES FRICASSEE:
1. In a pan with water and salt, cook green vegetables. Then cool quickly.
2. In a skillet with olive oil, sweat* onion and add duck breast. Add green vegetables and finalize with tomato.

PREPARATION OF COFFEE SABAYON:
1. Using a double boiler*, emulsify* egg yolks with coffee.
2. When the mix is creamy, add clarified butter, outside the double boiler. Season with salt, pepper, and sugar. Add Chantilly.

PRESENTATION:
1. Cut the veal in thick tournedos* and warm them in the coffee broth. Do not boil.
2. In the center of the plate, draw a circle with the coffee sabayon. Place fricasseed green vegetables inside the circle, and top with veal. Drizzle coffee sauce.

The Desserts

Beignets au chocolat, salade de fruits frais
Chocolate Beignets, Fresh Fruits Salad

FOR THE CHOCOLATE BEIGNET: 50g cocoa, 60g sugar, 2g salt, 3 eggs, 300g flour, 300ml champagne, 50g melted butter, 16 chocolate truffles, 1-1/2 liter soy oil to fry, Confectioner's sugar to sprinkle
FOR THE FRUIT SALAD: 1 mango, cut in small cubes, 1/2 pineapple, cut in small cubes, 100g strawberry cut in cubes, 1 kiwi, cut in small cubes, 1 papaya, cut in small cubes, Juice of 1 passion fruit
NECESSARY UTENSILS: paper towel, fruit salad bowls
YIELD: 4 servings

PREPARATION OF BEIGNET BATTER:
1. In a bowl, mix cocoa, sugar, salt, eggs, and flour.
2. Add champagne and butter. Set aside.
3. At serving time, dredge truffles in beignet batter, coating them well, and fry in soy oil at 180ºC.
4. Dry in paper towel and sprinkle confectioner's sugar.

PREPARATION OF FRUIT SALAD:
1. In a bowl, mix the fruits.
2. Season with the passion fruit juice and set aside.

PRESENTATION:
1. In each plate, place 3 to 4 beignets.
2. Fill salad fruit bowls and arrange next to the beignets.

Bruschetta de pain d'épices, carambole confite au poivre de Sichuan
Spiced Bread Bruschetta, Starfruit Comfit with Sichuan Pepper

FOR THE SPICED BREAD: 250g rye flour, 250g flour, 45g baking powder, 500g honey heated to 37ºC, 250ml milk, 6 eggs, 70g brown sugar
SPICES FOR BREAD: 12g powdered cinnamon, 2 star anises, 1 cardamom seed, 2 pinches grated nutmeg, 1 pinch powdered ginger, 6 black pepper corns, 80g puréed orange peels comfit*
FOR THE SICHUAN PEPPER ICE CREAM: 500ml milk, 5g Sichuan pepper, 5 egg yolks, 150g sugar
FOR THE MOUSSELINE: 130ml milk, 20ml heavy cream, 2g spices for bread, 1/2 vanilla bean, 2 egg yolks, 50g confectioner's sugar, 10g flour, 8g cornstarch, 5g unflavored gelatin, 300g Chantilly
FOR THE STAR FRUIT COMFIT WITH SICHUAN PEPPER: 4 average sized star fruit separated by the segments, 4g Sichuan pepper, 150g confectioner's sugar, 1-liter water
FOR THE SICHUAN-SCENTED STRAWBERRY CACHAÇA: 300g ripe strawberries cut in 4, 180g sugar, 500ml good quality cachaça, 170ml star fruit comfit
TO DECORATE: 1 star fruit, 100g confectioner's sugar
NECESSARY UTENSILS: mortar, strainer, electric mixer, baking mold, wax paper, baking sheet, piping bag
YIELD: 4 servings

PREPARATION OF SPICED BREAD:
1. Place all the spices in a mortar and pound until powdered.
2. Mix all ingredients in the order listed above and roast in decorative mold lined with wax paper at 165ºC for approximately 90 minutes. It will be ready when, if the tip of a knife is inserted, it comes out clean.

PREPARATION OF SICHUAN PEPPER ICE CREAM:
1. In a pan, bring milk to a boil with pepper. Leave in infusion for 40 minutes.
2. Mix egg yolks and sugar.
3. Boil milk again and pour over the egg yolk and sugar mixture. Combine all.
4. Cook again, stirring continuously. This English cream must simmer without boiling (84ºC). Place in freezer.

PREPARATION OF MOUSSELINE:
1. Boil milk, heavy cream, spices, and vanilla.
2. In a bowl, whisk together egg yolks and sugar. Beat well. Add flour and cornstarch.
3. Sieve boiling milk on top, mix, and bring the mixture to a boil for 2 to 3 minutes, stirring continuously.
4. Weigh 150g confectioner's cream (obtained in steps 1 to 3) and mix gelatin softened in cold water and squeezed. Cool, combine slowly with Chantilly, and set aside.

PREPARATION OF STAR FRUIT COMFIT WITH SICHUAN PEPPER:
1. Mix sugar and water in a wide shallow pan. Add star fruit segments and pepper, and bring to a boil. Lower heat and cook for 20 minutes.
2. Remove from heat and set aside.

PREPARATION OF SICHUAN-SCENTED STRAWBERRY CACHAÇA:
1. In a bowl mix strawberries with sugar and macerate for 3 days in refrigerator.
2. Add cachaça and the star fruit comfit. Store in sealed container. Lasts 15 days in refrigerator.

TO ADORN:
1. Cut 8 1-mm thin star fruit slices and arrange in baking sheet. Sprinkle with confectioner's sugar.
2. Place in oven, with temperature as low as possible, and let dry, turning star fruit slices over every 30 minutes.
3. Cut 8 additional 1-mm thin star fruit slices and set aside.

PRESENTATION:
1. Cut one 7-mm spiced bread slice for each plate.
2. Cut the ends of star fruit so that the fruit is the same size as the bread slice. Arrange star fruit slices over bread, and then the mousseline on top, applied with a piping bag.
3. Next to the bread slices, place 2 spoons of ice cream, alternating with slices of fresh star fruit. Decorate with the dry star fruit, and serve with a side glass of strawberry cachaça.

Gâteau au fromage blanc et aux fruits rouges
Cheesecake with Red Fruits

FOR THE CHEESECAKE: 420g cream cheese, 125g sugar, 20g flour, 6 eggs, 1 egg yolk, 20g heavy cream, Butter to grease, Sugar to sprinkle
FOR THE DACQUOISE BISCUIT WITH SPICES: 125g almond flour, 125g confectioner's sugar, 100g egg white eggs, 50g confectioner's sugar, 1 teaspoon of spices for the spiced bread (see bruschetta recipe on page 170)
FOR THE STRAWBERRY COULIS: 250g strawberry, 100g sugar, Lemon drops
FOR FILLING AND DECORATION: 1 box of strawberries, 4 balls of raspberry ice cream
FOR THE SYRUP (see preparation on page 153): 50ml raspberry liqueur, Juice of 1/2 lemon, 15g sugar
NECESSARY UTENSILS: electric mixer, two baking sheets, wax paper, sieve, brush, round cutter
YIELD: 4 servings

Preparation of cheesecake:
1. Mix cream cheese with sugar, add flour and the eggs, one at a time. Last, fold in heavy cream.
2. Roast in baking sheet greased with butter and sprinkled with sugar at 85ºC for 3 hours, in double boiler.*

Preparation of dacquoise biscuit:
1. Mix almonds with sugar. Set aside.
2. Whisk egg white with confectioner's sugar.
3. Add the mix of almonds and sugar and the spices. Combine all.
4. Line a baking sheet with wax paper and bake at 170ºC for 10 minutes.

Preparation of strawberry coulis:
1. Mix strawberry with sugar and a few drops of lemon. Strain.

Preparation of filling:
1. Finely slice the best-looking strawberries and set aside to decorate.
2. Cut the remainder in cubes.

Presentation:
1. In the center of the plate, place a dacquoise circle. Brush with syrup.
2. With a round cutter, cut a chunk of cheesecake and remove 2 cm in the middle. Place cheesecake over dacquoise biscuits. Fill cavity with strawberries cut in cubes and strawberry coulis.
3. Place a ball of raspberry ice cream on the side. On top of the cheesecake, place a portion of cotton candy.

Consommé de pitanga et fruits frais
Surinam-cherry consommé and fresh fruit

FOR THE SURINAM-CHERRY CONSOMMÉ: 200g Surinam-cherry pulp, 350ml water, 100g sugar, 4 egg whites, 6g cornstarch
TO GARNISH: 1/2 mango cut in thin strips, 1/2 papaya cut in thin strips, 1 kiwi fruit sliced, 4 strawberries cut in 4, 1 star fruit sliced, 4 pineapple slices cut in 8, Note: All season fruits may be used, 200ml champagne to finalize
NECESSARY UTENSIL: cheesecloth
YIELD: 4 servings

Preparation of Surinam-cherry consommé:
1. Mix Surinam-cherry pulp with water and sugar, and cook in a pan for 5 minutes. Let cool.
2. In a bowl, emulsify* egg whites with cornstarch and mix with cold Surinam-cherry stock.
3. Clarify* over low heat. Stock cannot boil. If temperature rises, almost to boiling point, add a few ice cubes. Cook for 20 minutes and drain carefully, using a cheesecloth to remove impurities.

Presentation:
1. In deep plates, arrange fruit and drizzle chilled Surinam-cherry consommé.
2. Prior to serving, top with champagne.

Mon gateau d' anniversaire preferé
My Favorite Birthday Cake

FOR THE LEMON BISCUIT: 1 egg, 90g sugar, 1 vanilla bean, 1.5g grated orange peel, 1g grated lemon peel, 3g grated ginger, 10ml orange liqueur, 4 egg yolks, 70g flour, 70g cornstarch, 2g baking powder, 70g melted butter
FOR THE CITRIC FRUITS FILLING: 130ml milk, 20ml heavy cream, 1g grated orange peel, 1g grated lemon peel, 1/2 vanilla bean, 2 egg yolks, 50g confectioner's sugar, 10g flour, 8g cornstarch, 5g unflavored gelatin, 300g Chantilly
FOR THE MARINATED* FRUITS: 5ml orange liqueur, Juice of 1/2 lemon, 15g confectioner's sugar, 100g raspberry or strawberry
TO DECORATE: Fresh fruit, Confectioner's sugar to sprinkle
NECESSARY UTENSILS: electric mixer, rubber spatula, baking sheet, wax paper, plastic wrap, brush
YIELD: 4 servings

Preparation of lemon biscuit:
1. Beat egg with sugar.
2. Add vanilla, grated peels, ginger, orange liqueur and egg yolks. Beat until creamy.
3. Next, with a rubber spatula, slowly fold in sifted flour, cornstarch, and baking powder. Add butter.
4. Line a baking sheet with a wax paper sheet and arrange biscuits on top.
5. Place in oven at 180ºC for 25 to 30 minutes.

Preparation of citric fruits filling:
1. Boil milk, heavy cream, grated peels, and vanilla.
2. In a bowl, whisk egg yolks with sugar. Add flour and cornstarch. Drain boiling milk over the mixture. Mix well and cook, boiling for 2 to 3 minutes, stirring continuously.
3. Mix 150g confectioner's cream (obtained in steps 1 and 2) with gelatin previously softened in cold water and squeezed to remove excess water.
4. Let cool, slowly fold in the Chantilly, and set aside.

Preparation of marinated fruits:*
1. In a bowl, add orange liqueur, lemon juice, and sugar.
2. Soak fruit in the mixture and set aside for 2 hours.

Presentation:
1. Cover a container with plastic wrap, place a thin layer of filling, and sprinkle marinated fruits.
2. Cut a piece of biscuit the same size of the container, so as to cover filling.
3. With a brush, coat biscuit with fruit marinade and repeat the operation until container is full. Leave 24 hours in refrigerator.
4. Trim remainder of biscuit to form letters H A P P Y B I R T H D A Y, and small cubes.
5. De-mold cake, and then arrange letters and cubes. At serving time, decorate with fresh fruit and sprinkle with confectioner's sugar.

Pyramide parfumée à l'orange et sa cristalline de fruits frais
Orange-scented pyramid and Fresh fruit Crystalline

FOR PYRAMID BATTER: 110g confectioner's sugar, 80g flour, 1 egg, 1 egg yolk, 25ml rum, 85g condensed milk, 200ml water, 20g butter, 20g powdered milk
FOR THE CRYSTALLINE: 750g confectioner's sugar, 400g ready-made fondant, 100g orange-flavored soft drink powder
TO GARNISH: 400ml plain yogurt, 50ml heavy cream, Sugar to taste, 1 mango, diced, 1 kiwi, diced, 100g strawberry, diced, 1 papaya, diced
NECESSARY UTENSILS: Four ramekins, baking sheet, food processor, 1 strong plastic sheet, silpat (nonstick heat-resistant rubber plate) or nonstick baking sheet, sieve, spatula, siphon (Chantilly bottle).
YIELD: 4 servings

Preparation of pyramids batter:
1. In a bowl, mix sugar, flour, egg, egg yolk, rum, and condensed milk.
2. In a pan, boil water, butter, and powdered milk, and whisk together with the mixture in the bowl.
3. Drain, pour into 4 ramekins and place in oven at 180ºC for 50 minutes, to brown.

Preparation of crystallines:
1. In a pan, mix all ingredients and cook at 130ºC.
2. When sugar is cooked, pour over a baking sheet greased with butter and leave to cool. After cold, run through the food processor until powdered.
3. Prepare a square 12cm x 12cm ring mold and line it with plastic. Place the mold over a silpat.
4. With the help of a sieve, sprinkle the powdered sugar over the mold, creating a thin and uniform layer in the bottom. Remove mold, leaving a perfect square on the silpat. Place in hot oven for 1 to 2 minutes. Sugar must be slightly molten.
5. With a spatula, carefully loosen up one edge of the sugar sheet and roll it to the desired thickness, using a tube, a glass, or any cylindrical object. Press edges, remove tube, and let cool. Repeat operation until 4 crystallines are obtained.

To Garnish:
1. Mix yogurt, heavy cream, and sugar.
2. Prepare siphon with gas, fill with mixture, and set aside in the refrigerator.
3. Place fruit in a salad bowl and cool in the refrigerator.

Presentation:
1. Warm pyramids in the oven.
2. Fill crystallines halfway with salad fruit and yogurt foam.
3. Serve crystalline besides pyramid.

The Sweetmeats

Raspberry Tiles

50g raspberry pulp, 50g glucose, 50g sugar, 50g flour, 50g cold melted butter
TO SPRINKLE: 1 anise pack
NECESSARY UTENSILS: wax paper, bottle or similar
YIELD: 15-20 units

Preparation:
1. Mix all ingredients and leave resting for 1 hour.
2. With a spatula, over a wax paper sheet, spread mix to make a disc 5 cm in diameter. Sprinkle with anise. Place in oven at 170ºC to bake.
3. When baked and still hot, mold with a bottle to simulate roofing tiles.

Maria-Mole

100ml water, 250g sugar, 3 egg whites, 6 leaves colorless unflavored gelatin, 1 teaspoon rosewater, 1 teaspoon red food coloring, 200g confectioner's sugar to roll the maria-moles,

Rosemary sprigs to decorate
NECESSARY UTENSILS: electric mixer, baking dish

PREPARATION:
1. Boil (120°C) a pan with water and sugar until the thread stage is reached.
2. Meanwhile, beat egg whites until peaks are stiff and glossy. When egg whites are right, add syrup, and continue beating.
3. Add previously softened gelatin, rosewater, and coloring. Beat until completely cool. Place the mixture in a baking dish, reaching 1.5cm thick, and set aside.
4. Cut them in cubes, dredge in confectioner's sugar, and decorate with a rosemary sprig.

Mint Popsicle

500g mint ice cream, 200g chocolate, 50g soy oil, 10g nut oil
NECESSARY UTENSILS: Baking sheet, barbecue picks
YIELD: 20-25 units

PREPARATION:
1. Place mint ice cream in baking sheet and put in freezer until hard.
2. Cut ice cream in popsicle format and attach popsicles to picks.
3. Melt chocolate in double boiler (bain-marie)*, add soy oil and nut oil. Coat popsicles in this mixture and store in freezer again.

Stuffed strawberries

4 strawberries, washed and coreless, Varied fruits salad, thinly cut, 10g confectioner's sugar to sprinkle
FOR THE MERINGUE: 3 egg whites, 70g sugar, 70g sifted confectioner's sugar, Grated lemon peel
NECESSARY UTENSILS: sieve, electric mixer, rubber spatula
YIELD: 15-20 units

PREPARATION OF MERINGUE:
1. Beat egg whites until peaks are stiff and glossy, and add sugar. Fold in confectioner's sugar and grated lemon peels with a rubber spatula.
2. Mold meringues and bake over low heat, with the oven door open.

PRESENTATION:
1. Stuff strawberries with a delicate fruits salad.
2. Place a strawberry on top of each meringue and sprinkle with confectioner's sugar.

The Infusions

Filomena

25g dry lemongrass, 10g star anise, 50g cinnamon stick, 10g cardamom, 3g black pepper, 1 pinch love apple red sugar

PREPARATION:
1. Cut lemongrass in 1-cm pieces.
2. With a mortar, mash spices. Mix with red sugar.
3. Set aside in a paper bag.

Pascale

20g dry peppermint, 20g dry verbena, 20g dry lemon balm, 1 pinch calendula petal

PREPARATION:
1. With a mortar, mash herbs and add petals.
2. Set aside in a paper bag.

Ana

50g lemongrass, 50g guarana, 15g star anise, 25g ginger 10g cinnamon

PREPARATION:
1. Cut lemongrass in 1-cm pieces.
2. With a mortar, mash spices and mix.
3. Set aside in a paper bag.

Cristina

20g green anise, 4 cloves, 1g Sichuan pepper, 30g dry lemongrass, 20g dry lemon balm, 30g hibiscus
YIELD: 20 cups

PREPARATION:
1. Cut lemongrass coarsely.
2. Pound in a mortar the spices, lemon balm, and hibiscus. Mix together.
3. Set aside in a paper bag.

AT SERVING TIME:
1. Warm up filtered water. Do not boil.
2. Warm up teapot and cups.
3. Place, in the teapot, 1 teaspoon of the infusion mix selected for each cup. On top pour water, cover, and leave in infusion for 5 minutes. Drain and serve.

Basic Recipes

Clarified butter

300g butter

PREPARATION:
1. In a pan, melt butter over low heat.
2. Let rest for 20 minutes and, with skimmer, delicately remove casein (surface film). At the same time, separate with a ladle the butter from the serum (white clear liquid) at the bottom of the pan.

NOTE: This can be made in the microwave, being careful to melt the butter slowly.

Aromatic garnish

2 carrots, 1 onion, 1 celery, 2 garlic cloves (without the germ), 2 tomatoes, 5m soy oil, 20g butter

PREPARATION:
1. Cut vegetables in mirepoix.*
2. Heat oil and butter and sweat* vegetables.

NOTE: For fish, fennel may be added. To a darker stock, the amount of tomatoes may be increased.

Syrup

495g sugar, 695g water

PREPARATION:
1. In a pan, bring ingredients to a boil.
2. Remove foam, filter, and set aside.

Fish Fumet (stock)

1kg fishbone cut in pieces (sole, anglerfish), 2 onions cut in mirepoix*, 100g Paris mushrooms cut in mirepoix, 2 stalks celery cut in mirepoix, 40g butter, 200ml white wine, 1 bouquet garni*, 1.5 liter filtered water
NECESSARY UTENSIL: fine chinois*

PREPARATION:
1. In a deep bowl place fishbone and leave under cold running water for 1 hour.
2. In a thick-bottomed pan, sweat* vegetables in butter.
3. Add fishbone, let sweat another 3 minutes, deglaze* with wine and reduce* to half.
4. Add bouquet garni, water, and bring to a boil. Then reduce heat and simmer for 30 minutes.
5. Remove from heat, drain and chill quickly.

Light chicken stock

1kg chicken carcasses and wings, 1 onion cut in mirepoix*, 1 carrot cut in mirepoix, 2 garlic cloves, 1 bouquet garni*, 1 cloves, 2 liters water
NECESSARY UTENSIL: strainer
YIELD: 1 liter

PREPARATION:
1. Cut carcasses and wings coarsely, and leave for 30 minutes under running cold water.
2. In a thick-bottomed pan, cover carcasses and wings with chilled water and then boil for 2 minutes. Drain.
3. In another pan, place carcasses, wings and remaining ingredients. Add water, boil for 2 minutes, reduce heat, and simmer for 2 hours.
4. Remove, let rest 10 minutes, drain, and chill quickly.

Dark chicken stock

80ml soy oil, 20g butter, 1kg to 2kg cut chicken necks and wings, 1 onion cut in mirepoix*, 2 carrots cut in mirepoix, 1 tomatoes, 5 mashed garlic cloves (without the germ), 1/2 glass + 2 liters water, 1 bouquet garni*, 2 black pepper corns
YIELD: 1 liter

PREPARATION:
1. In a thick-bottomed pan, heat oil and butter. Add necks and wings and brown for 4 to 5 minutes. Add vegetables, sweat and caramelize* the juice.
2. Deglaze* with 1/2 glass water and reduce.*
3. Add 2 liters water, bouquet garni, and pepper. Bring to a boil, reduce heat, and simmer, slowly, for 1 hour, stirring continuously and removing foam.
4. Drain and chill quickly.

Beef or Veal stock

1kg veal shavings and shin, 30ml soy oil, 15g butter, 1 onion cut in mirepoix*, 2 carrots cut in mirepoix, 2 garlic cloves, 1 tomato, 1/2 glass water, 50ml white wine, 1 thyme sprig, 5 black peppercorns
NECESSARY UTENSIL: strainer
YIELD: 1 liter

PREPARATION:
1. Cut shavings and veal shin.
2. In a thick-bottomed pan, place oil and butter. Add veal and brown, stirring continuously.

3. In a skillet, brown vegetables for 4 to 5 minutes. Deglaze* with water and reduce.* Soak vegetables in the stock. Place skillet vegetables over veal and brown for 2 minutes more.
4. Deglaze*s with wine and reduce. Cover veal with filtered water and simmer over low heat for 2 hours. Remove foam occasionally. Drain and chill quickly.

Pesto

60g basil leaves, 1 garlic clove (without the germ), 30g pine nuts, 4 tablespoons extra-virgin olive oil, 1 tablespoon parmesan cheese
NECESSARY UTENSIL: mortar or blender

PREPARATION:
1. With a mortar or blender, make a paste with basil, garlic, and pine nuts.
2. Slowly fold in olive oil and finish with parmesan cheese.

Extra-Virgin Vinaigrette

100ml raspberry vinegar, 20ml balsamic vinegar, 6g salt, 1g pepper, 350ml extra-virgin olive oil

PREPARATION:
1. In a bowl, beat vinegars and seasonings to dissolve.
2. Fold in more olive oil, stirring continuously. Set aside.

GLOSSARY

AL DENTE – Cooking stage where pasta maintains consistency, without breaking apart.
BAIN-MARIE – Warm up or cook slowly, placing food container inside another container with water, and placing over heat or in the oven.
BOUQUET GARNI – Aromatic herbs and vegetables such as parsley, thyme, bay leaves, celery, leek, in the form of a bouquet, tied with a string on inside a thin cloth. The bouquet must be placed in infusion in the stock or sauce, and removed at the end of preparation.
CARAMELIZE – Melt sugar over the fire until it becomes a dark, thick syrup. Also means to coat the bottom and the sides of a container with this syrup.
CHINOIS – Type of stainless steel funnel or screen, with small orifices, used in professional kitchens to drain sauces, gravies and stock, among other liquid preparations.
CLARIFY – To clear a dark liquid by filtration or addition of albumin.
CONCASSÈ – to mix, cut, grind or stir roughly fruits, vegetables, spices or bones and fish bones.
CONFIT – To slowly cook meats and poultry in their own fat. It is also applied to vegetables or fruits, using an alcoholic beverage, sugar, or vinegar.
DEGLAZE – Dissolve in a liquid (water, wine, stock, fumet) the juices of ingredients caramelized in the bottom of a pan, to make a sauce.
DEBONE – Remove bones from meat, maintaining the original form.
DESALT – Remove excess salt, by soaking food in water, which must be changed at regular intervals (usually established in the recipe).
PANER (TO COAT) – Dredge something in flour and egg.
EMULSIFY – Mix one liquid with another, through forced beating in a mixer, whisk, or blender, in fast speed.
FLAMBÉ – Baste with previously heated alcohol.

MACIS (LAT. MYRISTICA FRAGRANS) – Fibrous envelope wrapped around the nutmeg, red when fresh; and orange, when dry. The macis' flavor is more subtle than nutmeg itself, and may even substitute this ingredient in a preparation. May be used slightly crushed or powdered.
MANDOLINE – An instrument to laminate vegetables, cutting them in thin slices.
MARINATE (MARINADE) – Soak food for a given time (minutes, hours or days) in an aromatic liquid, to produce osmosis.
MIREPOIX – Aromatic vegetables cut in 1-cm cubes, to be used to make a sauce.
RUBBER SPATULA – Flexible silicone spatula that allows easy handling of a mixture as well as scraping dish sides or bottom, preventing lumps.
RAMEKIN – A type of bowl.
REDUCE – Boil a sauce, stock, or juice, to decrease its volume. The purpose may be to thicken a sauce, to concentrate flavor, or to evaporate alcohol.
SEAL – Brown quickly over high heat so that pores are closed and juices are retained inside.
SWEAT – To warm vegetables with a small amount of vegetal or animal fat, stirring, to eliminate excess water and concentrate juices.
TARTAR – Raw hamburger.
ROUND – Technique used when cutting vegetables, to even out size and thickness.
TOURNEDOS – Thick tenderloin slice, 150g.

COOKING TIMES

Cooking Times for Meats

It is usually difficult go indicate the right cooking time for meats. Actually, the time varies significantly, depending of the type of stove (gas or electrical) the type of meat, or quality and quantity of the cooked product. It would be wise to consider the indications below merely as guidelines, and check by yourself according to your references and habits. You may use a specific thermometer and the table below as an aid. You may also insert a needle in the center of the meat. If the tip is cold, the meat is rare, and if the tip is burning, the meat is well done. I like to eat beef or lamb rare or medium, veal medium-well, and pork well done. Butter is more adequate to fry meats, but it burns at medium temperatures. Therefore, we have to start with oil or olive oil, and then add butter, reduce heat, and baste often with melted butter.

It is very important to let pot roast rest for 15 to 20 minutes before slicing. Resting will allow blood to penetrate the fibers, and the meat will be tenderer. At serving time, warm up slightly, in a hot oven.

TYPE	TEMPERATURE AT THE CENTER OF THE MEAT	COOKING MODALITY
Beef	54°C	Rare
	60°C	Medium
	62°C	Medium well
Lamb	60°C	Medium
	65°C	Well done
Pork	65°C	Well done
	68°C	Very well done
Veal	63°C	Done
Poultry	63°C	Done
Beef Terrine	71°C	Done

Fish Cooking Times

Fish, in either fillets or whole, are tasteful when grilled in olive oil. When frying a fish fillet with the skin, always start on the side of the skin. Heat a skillet and, when skin is crunchy, add a small amount of butter, and decrease heat. Cover skillet and allow heat to increase slowly inside the fish. Baste occasionally with melted butter. Do not forget that fish meat is very fragile and the only way to cook it is very slowly. For skinless fish, take it directly to the oven, at 70°C.

TYPE	TEMPERATURE AT THE CENTER OF THE MEAT	COOKING MODALITY
Fish	55°C	Pearly
	62°C	Done

Vegetables Cooking Times

Cooking times vary for each vegetable; therefore, it is better to cook them separately. Green vegetables taste better if slightly crunchy (al dente) and others taste better if more fondant.

For vegetables, the same cooking processes used on meats may be employed: grilled, roasted, braised, steamed, poached, fried etc.

Most vegetable garnishes or side dishes are poached. You may select one of two choices:

GLAZED: In a shallow pan, place vegetables in one single layer, season with salt, pepper, sugar or other ingredients. Add a little butter or olive oil. Cover with water and a disc of wax paper. Cook.

POACHED: This type of cooking is ideal for green vegetables. Bring to a boil a pan with salted water and soak vegetables. If vegetables will not be used within an hour, it is convenient to cool them with chilled water. The water seasoning is also important: 30g of coarse sea salt per liter of water to cook green vegetables is recommended, allowing fixation of the chlorophyll, and 12g per liter in the case of other vegetables.

Oven Equivalence

For people who do not have an oven with temperature control, but do have a thermostat with numbers, it is recommended to divide temperatures by 30.

Le Saint Honoré ~ 173

Conheça os títulos da Editora Senac Rio e prepare-se para embarcar numa deliciosa viagem! Em nosso cardápio, você encontrará uma grande variedade de livros, capazes de despertar a gula, o prazer, o interesse e a curiosidade dos leitores mais exigentes. Preparados com a sabedoria e a experiência de grandes autores das áreas de gastronomia, turismo, moda, beleza, cultura, comunicação, tecnologia, responsabilidade social, desenvolvimento empresarial, entre outras. Visite o *site* www.rj.senac.br/editora, escolha os títulos que mais te apetecem e faça da sua leitura um passatempo e um aprendizado inebriantes. Fique ligado nos nossos próximos lançamentos! Disque Senac: (21) 3138-1000.

Este livro foi composto em Bembo e Trade Gothic, em papel couchê brilho 150g/m²,
pela gráfica RRDonnelley Moore para a Editora Senac Rio, em dezembro de 2005.

They love Mistral

Robert Parker, Wine Spectator, Decanter, Wine&Spirits, Revista de Vinhos, Gambero Rosso, Jancis Robinson, Revue du Vin de France - as mais importantes publicações e referências internacionais em vinhos **adoram** a Mistral. Talvez eles não conheçam a Mistral, mas sem dúvida conhecem e elogiam muito os produtores que representamos com exclusividade no Brasil.

Afinal, são **os melhores e mais consagrados nomes do mundo do vinho**, que **consistentemente** ocupam **as primeiras colocações** e recebem as **maiores notas** na esmagadora maioria dos painéis de degustação e rankings destas publicações. Como se diz, na opinião da imprensa especializada internacional, a Mistral sempre **ganha de lavada**.

É por isto que a Mistral é conhecida como
"a importadora dos melhores vinhos".

R. Rocha 288 São Paulo
Tel (11) 3372 3400
www.mistral.com.br

A Importadora dos
Melhores Vinhos

APRECIE COM MODERAÇÃO.

Jóias H.Stern marcam você

60 anos
H.Stern